# 無限発話

## 買われた私たちが語る性売買の現場

性売買経験当事者ネットワーク・ムンチ 著
萩原恵美・訳　金富子・監修　小野沢あかね・解説

梨の木舎

いかなる性売買も大丈夫じゃない。

なぜならば，

# 日本の読者のみなさんへ

性売買経験当事者ネットワーク・ムンチ

『性売買経験当事者の無限発話』の日本版が出版されることを心より嬉しく思います。このまえがきを書きながら、ふと、性売買の現場にいたころ、多額の前払金が手にできるという理由で日本に売られていったオンニ〔姉さん〕のことを思い出しました。知り合いもいないし、ことばも通じない地に送られるということは、性売買以外には何もできないということが決定づけられてしまうわけです。日本と聞けば、私たちには、加虐的な性行為はもとより、AV を撮られて販売されたり、買春者による不法撮影物〔盗撮のこと〕が世界じゅうにバラまかれたりされるのではという恐怖がありました。そのときは、自分も日本に売られる身になるかもしれないとの思いからオンニに何のことばもかけてあげられず、それがずっと申し訳なく心残りでした。そんなふうに性売買経験当事者にとって恐怖の対象だった日本で、韓国の性売買経験当事者のグループである「ムンチ」の経験を発信し、性搾取の問題をともに考えることができるようになるなんて、深い感動を覚えます。

何人もの当事者の経験を通じて日本の状況を聞いていたにもかかわらず、「ムンチ」のメンバーたちで日本の性風俗店街を訪れたとき、私たちは驚愕を禁じえませんでした。そこでは、一歩足を踏み入れた場所の何もかもが性売買と結びついていました。買春斡旋紹介所［無料案内所のこと］、女性たちを陳列した広告や看板、街角で客引きする男性たち、ガールズバーの宣伝をする若い女性たち、女性の身体を部位ごとに分けてモノ扱いする店、ファッションヘルス店などなど、ことばでは言い尽くせないほど数々の性搾取の連鎖を見せつけられました。いつでも手軽に買春のできる「文化」がすでにできあがっていました。ぞっとします。恐ろしくもあります。韓国の性搾取「文化」は、日本の性搾取「文化」を踏襲したものです。それゆえ「ムンチ」は伝えたかったのです。当事者の声が聞こえてこない社会に、聞こうとしない社会に、私たちの経験を通じて変化が起きることを望んでいます。

本書は、性売買を持続可能にする要因が何なのか、「ムンチ」のメンバーの経験を通じて伝えようという発話です。あまりにも「常識からかけ離れている」し、「普通はありえない」から、理解してもらえないという人もいます。けれども、そうした「常識からかけ離れた」ことがすべて、性売買の現場では「普通」になるのだと、本書を通じて伝えたかったのです。「ムンチ」にとって発話とは、怒りであり、力です。性売買の経験がスティグマにならない社会、買春者や斡旋業者に厳しい視線の注がれる社会になることを望みます。買春者や斡旋業者の言い分が幅を利かせてきた性売買の現場ですが、これからはそれが通じなくなるよう、「ムンチ」はもっとパワフルに訴えていきます。

数年来、「ムンチ」はフランス、ドイツ、南アフリカ共和国、イギリス、ニュージーランド、スウェーデン、日本の性売買経験当事者たちとネットワークを築いてきました。そうすることで、性搾取の本質に違いはないものの、それぞれの国の法制度によって当事者の状況に違いがあることを知りました。韓国では「性売買防止法」が制定・施行（2004年）されたことが脱性売買を可能にする根拠となり、「ムンチ」もまた現在のように声をあげ、性売買を維持し傍観する社会と立ち向かうことができました。韓国でも日本でも、世界じゅうのどこであっても、誰ひとり搾取の対象にならずにすむ社会になりますように。

本書が、反性搾取の活動をおとしめ、脅迫し、攻撃する人々の真っただ中で活動を続けておられる、Colabo と仁藤夢乃さんをはじめとする日本の反性搾取運動の活動家のみなさんにとって、勇気の源泉となるなら幸いです。また、性売買経験当事者であることを明かせない状況であっても、自分たちの経験を分かち合い、当事者運動に取り組む Colabo や性売買経験当事者ネットワーク・灯火のみなさんに深い愛情と連帯の思いをお伝えします。「ムンチ」の発話が日本の読者のみなさんに届くよう、情熱を注いでお力添えくださった金富子さん、小野沢あかねさん、萩原恵美さん、岡本有佳さんに感謝と尊敬をこめてご挨拶いたします。

最後に日本の読者のみなさんへ。性搾取を許さない社会、誰ひとり性搾取の対象にならない平和で平等な社会を、ともに夢見てくださり、ありがとうございます。「ムンチ」はいつでもみなさんとともに現場に立ちつづける所存です。

2023 年 1 月 19 日　韓国より

# 無限発話

## 買われた私たちが語る性売買の現場

目　次

# 2 性売買女性を生きるということ

# 3 性売買の現場で見た買春男性たち

【凡例】

1. 本書は、性売買経験当事者ネットワーク・ムンチ著『性売買経験当事者の無限発説』(ポムアラム、2021 年)の全訳である。翻訳は萩原恵美が、監修は金富子が担当した。また、本書を第 1 章、第 2 章、第 3 章にわけ、それぞれにタイトルをつけた。

2. 原注と訳注に関しては以下の通りである。

・文中にある（　　）は原文通り、〔　　〕は訳注である。

・原注は★をつけて脚注においた。しかし訳語として翻訳が成立した場合は省略した。

・訳注は＊をつけて巻末においた。このうち性売買に関しては、以下の著作を参照しつつ、ムンチのメンバー、シンパク・ジニョン氏（大邱女性人権センター)、ピョン・ジョンヒ氏（釜山女性人権センター・サルリム）の協力を得て作成した。

シンパク・ジニョン著『性売買のブラックホール』（金富子監訳、大畑正姫・萩原恵美訳、小野沢あかね・仁藤夢乃解説)、ころから、2022 年

チョン・ミレ／イ・ハヨン著「韓国における性売買の政治化と反性売買女性人権運動」(金富子翻訳・解題)、東京外国語大学海外事情研究所『Quadrante』No.21、2019 年

3. 翻訳上の留意点

・原文の「オンニ」は本来、妹が姉を呼ぶ「姉さん」の意であり肉親以外でも広く使われるが、本書では当事者どうし「姉妹愛、敬愛をこめて呼ぶ呼称」として原文通り「オンニ」を使う。なお、当事者―活動家（相談員）間でも水平的で親愛の情を示して使われる。

・原文の「アガシ」は本来、未婚の若い女性を呼ぶ「お嬢さん」の意だが、性売買の現場で女性たちに使われる呼称であり、本書では原文通り「アガシ」を使う。

・原文の「おじさん」は 2 種類ありそのニュアンスの違いを生かすため、日本語訳では業者の場合は疑似家族関係を意味する「叔父さん」、買春客の場合は「おじさん」とした。

・原文の「性労働」は、「セックスワーク」と訳した。

# はじめに——私たちの存在こそが実践だ

性売買経験当事者ネットワーク・ムンチ

反性売買の女性運動において、「経験当事者」と「非経験当事者」はどう違うのか、または同じなのか、について考えている。女性が差別され抑圧される社会では、本質的に経験の違いはないと感じる。私たちの誰もが性売買を、直接に、間接に経験している。

反性売買運動の内部では、当事者とは性売買経験当事者のことを指す。当事者がつねに正しいというわけではない。当事者である自分たちが経験した「性売買」とは何なのかについて語り、それが自分たちにとってどんなものだったのかを解釈し、当事者として自分たちの立場を確立したいと思っているのだ。

当事者の声を絶対視して神秘的に扱おうとするいかなる試みにも私たちは抵抗する。「性売買防止法[*1]」〔2004年〕の制定以降、経験当事者にはさまざまな立場を標榜する組織や個人から時に応じてお呼びがかかったが、私たちの「経験」は、「それらの人々」の立場によってフィルターにかけられ、選択的に借用された。それらの人々の立場によって区別されたり分類されたりすることに決別し、自分たちの立場について語らなければならなかった。経験当事者もまた、性売買についての捉え方においてはさまざまな立場に分かれざるをえない。けれども、自分たちの声で、なぜ私たちが現在のような立場に至ったのかについて語るべきだった。経験の解釈までもただ利用される存在ではない、みずから語る存在にならなければならなかった。

「性売買経験当事者ネットワーク・ムンチ」〔2006年～〕という名称を決めるまでには、ずいぶん思い悩んだ。「性売買」という語を使うことには精神的な負担がなきにしもあらずだったが、自分たちの組織を掛け値なく表現するために「性売買経験当事者」を名乗ることにした。本書に収められた文章は、「ムンチ」〔一致団結の意、後述〕の名称で活動する私たち全員によって書かれたものだ。

自分たちの経験という翼で一人ひとりの市民と出会い、実践するプロセスが、「ムンチ」の活動しうる土台になった。「ムンチ」という名称で大勢の人々と出会った。応援や支持の声も多かったが、非難や脅迫めいたコメントに身のすくむ思いをしたこともあった。特定の個人に向けて誹謗中傷が殺到し、人身攻撃もひどかった。「ああいう女どもなんて、みんなブランド品が欲しくてカラダを売ってるんだろ」、「カラダを売ってることを自慢するのか、日陰者として生きろ」、「あばずれのくせに騒ぎやがって」、「売れなくなったから出てきたんだろ」等々……。韓国社会が性売買を経験した女性に対して抱く、ありとあらゆるバイアスとヘイトとレッテルとを見た思いだった。ぞっとするようなヘイトコメントを目の当たりにして、発話した個人が特定されてしまうのではないかと恐ろしかった。

私たちは集まって話し合った。「無限発話」によって私たちが傷つけられたり攻撃されたりするようならやめるべきではないのか、という意見も出た。けれど知恵熱が出るほど頭を悩ませながら議論を続けるうちに、かえって勇気が湧いた。誹謗中傷の書き込みをしたやつらのことがちゃんちゃらおかしかった。いったい何様のつもりなのだろうと思った。書き込みの内容からして買春者だった。私たちの口を塞ごうとするやつらが何者なのか、なぜ塞ごうとするのかを考えれば、なお発話を続けるべきだと思い至った。恥じ入って身を隠すのではなく、私たちを黙らせようとする者を恥じ入らせるように、ずっと騒ぎつづけてやると誓った。このことをきっかけに、私たちはいっそう強くなった。全国各地を回ってやつらの隠したがっている実態について語っていった。やつらが恐れおののくように。そうだ。

私たちが存在するということ、それこそが実践だった。

女性たちを「カラダ」として消費し抑圧するすべてのふるまいに対して自らの声で発話し、私たちを単なる「被害者」の枠の中に閉じ込めておこうとする社会に対して一発お見舞いしてやろうと思った。「私たちの被害」を「やつらの加害」へと置き換えたいと思った。道義に外れた行為をしていたのは私たちではない、やつらだ。世の偏見のせいで孤立していた私たちは、「性売買経験当事者ネットワーク・ムンチ」として限りない発話を始める。

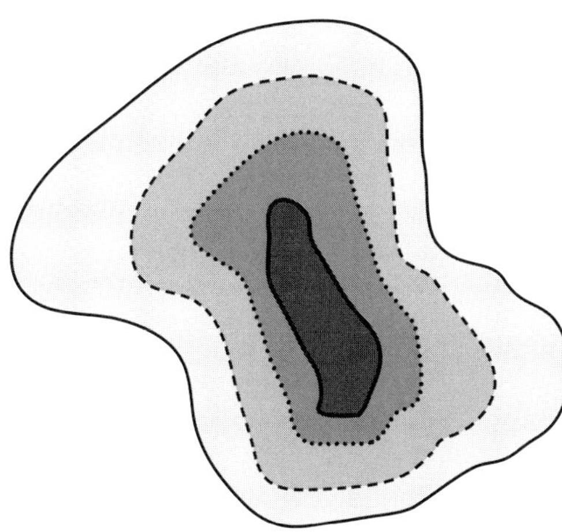

# ムンチのメンバーが
# 性売買経験当事者運動に取り組む理由

私はお腹をすかせ、寝るところもない 19 歳の家出少女だった。お腹いっぱい食べさせてやる、寝泊まりする場所も提供してやるという彼らについていったことを私の自発的な選択だという人たちに、本当の主体的な選択とはどんなものか知ってもらいたいから、当事者運動をしている。
あの頃、私をボロボロにしたのは自分自身だと思った。すさまじいまでに自分を憎み、今でも罪悪感から悪夢を見る。そんな自分を許せるようになるために、当事者運動をしている。
一緒に店で働きはじめた 4 人のうちひとりは赤ちゃんのお母さんになり、ひとりは会社員に、ひとりは反性売買の活動家になった。ひとりは店主にこっそり打たれた麻薬のせいでジャンキーになって刑務所に行った。私たちはワナにはまっただけであり、自分自身の過ちではなかったと今ならわかる。女性に罪悪感を抱かせ、個人の選択だと思わせて、肉体も精神も感情も搾取する買春者と斡旋業者、そして性産業の構造にフォーカスを合わせなければならない。そのことを語りたいと思う。

**シンビ**

性搾取のくびきのもとで生きていくには、自分を諦めなければならない。そのくびきから逃れてからも、「自分」をすっかり取り戻すまでには、そこにいた時間より多くの時間が必要だった。
性売買経験当事者として反性売買運動に取り組む理由は、私が私として生きていくためであり、より多くの人たちに自分らしく生きていけるようになってほしいからだ。

**イド**

性売買をしながら感じていた世間のまなざし、買春者たちの行動、何もできなかった無力な自分、誰からも見向きもされなかったあの頃の屈辱感を憶えている。私の話した内容を非難した人たちのことを憶えている。私のことをただ憐れむべき存在にしておきたかったメディア関係者のことを憶えている。
人々は私のことをひとつのケースとして語った。だからこれからは自分の口で語るために当事者運動にかかわる。あの頃の自分に戻らないために、私と同じような苦しみを味わっている人たちに寄り添うために、誰ひとりあの頃の私のように孤独に取り残されないために、私は反性売買運動をしている。

**チュウ**

こんな人生もあるということを、性売買から逃げ出してもいいということを、別の生き方もあるということを知ってもらいたいから、私は当事者運動をしている。
私と同じような人たちに希望を示してあげたい。

**オイ**

被害を被害だと気づかず、家族やみんなに知られるんじゃないかと沈黙し、いかなる選択もできなかった、もうひとりの私がこの世からいなくなってほしい。崖っぷちに追い込まれて死を選択する、もうひとりの私がこれ以上いなくなってほしい。過去の私のことを忘れたいし、忘れられたい。けれど、忘れられなかった。だから記憶の扉を開けて取り出そうと思う。この記憶を使って買春者に対する社会の認識を変えたい。カネで性を買うことを何とも思わない世の中を変えたい。

**イルビ**

**性売買経験当事者ネットワーク・ムンチ**

「ムンチ（뭉치）」という名称は、「一致団結すればできないことなんてあるもんか」というときの「一致団結する（뭉치다）」から採った。性売買という経験を共有する特別な「私たち」を出会わせ、特別な「私たち」という関係を築いた。全国にいる性売買経験当事者たちが肩を寄せ合って「ムンチ」になる。
2006 年にはじめて出会い、お互いどうし心の拠り所となり、誰にも話せなかった「性売買の経験」を語り合い、再解釈してきた。2010 年から自分たちの経験や性売買の現場で起きている現実を社会に向けて発話し、現在に至るまで性売買経験当事者運動に取り組みつづけている。2019 年からはグローバルな連帯を目指して海外の性売買経験当事者とも交流している。
「ムンチ」という名のもと、誰かに代弁してもらうのではなく、みずからのことばと声とで発話する。

# 1章　性売買のさまざまな現場から

ソープランド＊2

# トントン

# あら　お兄さん、こんにちは！

真っ暗な廊下の
奥へと７つの部屋が並ぶ。その１室にいた私は、ノックの音が聞こえるとドアを開けて「あらお兄さん、こんにちは！」とあいさつし、客を連れてきた叔父さん＊3からコンドームを受け取る。そしてドアを閉めて鍵をかける。これから１時間、さあ戦争だ。

「お兄さん」という名の客と私は、タバコ１本とコーヒー１杯を楽しみながらしばし雑談する。それから私は仕事にとりかかる支度(したく)をする。

スーパー銭湯にあるエステベッドみたいなそれのことを、私たちは「水台」と呼ぶ。ふたりとも服を脱いで水台のところに行き、客に横になってもらったらシャワーで洗ってあげる。前と後ろにソープの泡をつけて肛門までゴシゴシきれいに洗ってから、仰向けに寝かせてラブジェルを客の体に、自分の体に塗る。それから本格的な「仕事」が始まる。

犬みたいにかがみながら、胸や手や舌を使い、客の体を撫でたり舐めたりしゃぶったり、客が満足するまで、肛門まで舐めまわし、挿入はせずにそうやって射精させる。成功だ！

腰はガクガクだし口もすごく痛い。客の体をもう一度洗ってやり、いい気持ちになった客を部屋に案内して少し休ませる。30 分たった。あと 30 分。すぐにベッドに寝かせて性感マッサージ。一度射精してるからちゃんと勃起しない。私ならではのスキルを駆使して立たせなくちゃならない。舐めたりしゃぶったりくわえたり、陰部を見せてあえぎ声を聞かせて、なんとか立たせる。成功だ！

すぐにコンドームをつけて本番に入る。そんなふうに「2次」〔性売買のこと〕をする。健康なシラフの男でも2回立て続けに射精するのは難しいもの。なのにこの部屋のドアを開けて入ってくる客は、ほとんどが酔っぱらってフラフラだ。

# それしかできねえのか？

この客も酒を飲んできているので、案の定、射精は難しい。隣の部屋からはオンニ〔姉さん〕と客の言い争う声がするし、そのまた隣の部屋からはオンニのつらそうな、あえぎ声ならぬヤバい感じの声がする。ああ、しんどい。そのとき電話が鳴った。設定された1時間がたったことを知らせる合図だ。もうひと頑張りしなくちゃ。1時間で2回射精させるのが私のミッションなのだ。さらにあえぎ声を上げ、もういちど性感マッサージ、客に馬乗りになってシコシコ。アソコが裂けそうなほど、腰が折れそうなほど痛む。ついに射精する。成功だ！

もう一度客の汗を流してやる。髪も洗ってやり、隅々まできれいに洗った客に服を着せてから、カウンターに電話する。「ご案内してちょうだい」。客を連れ出せという合図だ。1時間以上かかった。カウンターに客が溜まってるからさっさとすませろと催促される。

またトントンとノックの音がして、叔父さんが客を連れていくついでに、コンドームを手渡す。次の客がいるから支度しろということだ。使用済みのコンドームをきれいに洗って叔父さんに手渡す。不意の摘発が入ったとき見つかったらまずいモノだからだ。ひと息つくまもなく急いで化粧を直すと、またノックの音がする。

トントン。ふたたび1時間が始まる。

# #私たちの「仕事」

# #摘発



日々緊張をゆるめるわけにはいかないのは警察の取り締まりがあるからだ。部屋の入口上の天井には赤いランプがついている。取り締まりがあると、音は鳴らずに赤く点灯してクルクル回る。

そのランプはつねに気にしていなければならない。ランプが回りだしたら、まずは客に「話をしていただけ」と答えるよう頼み、叔父さんに渡されたコンドームを処分する。証拠を残さないようにだ。使用済みのコンドームは精液を洗い、豆粒みたいに丸めて隠す必要がある。緊急のときは口にほうりこんで飲みこむこともある。一度飲みこんだことがあったが、喉に引っかかって死ぬほど苦しい思いをした。

ランプが回ると私と客は急いで服を着て、ドアを開けて裏口から逃げる。逃げ出す時間は 2、3 分以上かかってはいけない。手が震え、気も動転してしまう。7 つの部屋から一斉に逃げ出してきた 14 人の男女は必死の形相だ。1 日に 6 回も取り締まりがあったことがある。とても正気ではいられなかった。日々稼がなければ借金の利子も返せないのに、そういう日はオシャカだ。借金が返せなくなる。

そんなふうに日に少なくて6人、最大では10人、11人まで客を取る。11人の客を取った場合はシャワー22回、性感マッサージは水台でボディ前面11回、背面11回、肛門もマッサージしてから部屋に戻ってラブジェルなしで前から後ろから11回、本番11回。抜いてあげるのは合計22回だ。

夕方6時から朝6時まで休みなく洗い、くわえ、しゃぶり、体でこすって射精させるのがミッションだ。朝6時になると真っ暗だった廊下と部屋にパッと灯りが点る。目にまぶしい。今日も終わりだ。これで眠れるから幸せだ。カウンターに現金入りの封筒が置かれる。今日私が働いた分のおカネを受け取るのだ。

客の支払う料金18万ウォンのうち、私たちの取り分は8万ウォンだ。11人の客を取ったから88万ウォン。12時間働いて88万ウォンならけっこうな額だ。なのにオンニたちにも私にもそんなおカネは来ない。ローンで借りたあちこちの相手に入金しなければならないからだ。残ったのは5万ウォン。一日じゅう働いて稼いだおカネが5万ウォン、涙が出る。力が抜けて食欲も出ない。どんどんやせていく。■

# 性売買はたんに

# 「カラダを売った」というだけでは

# 説明しきれない

## 集結地[*4]

私は性売買集結地の「酒3種[*5]」にいた。最初にいた光州（クァンジュ）市松汀里（ソンジョンニ）[*6]での働き方は、店の飲食用の部屋でみんなで寝泊まりして、スーパー銭湯にもみんなで行って、ケータイは禁止で、2次はモーテルに行く。取り分は売り上げの10パーセントだった。1000万ウォンなら100万ウォンだ。ふつう私の売り上げは月平均2000万ウォンくらいだった。けれど、その10パーセントが入ってくるわけではなかった。店主は別途に、客のタバコ代、カラオケの新曲代、カラオケ機の修理代、おつまみの材料費、水道光熱費、部屋代を徴収した。

みんなで寝泊まりしてるのに部屋代40～50万ウォン、客が来ても2次に行かなければその部屋に入った女の子たちの売り上げはゼロだ。タダでお酒の相手をしてやったことになる。おまけにマダム[*7]の取り分5パーセントが引かれるから1か月の手取りはせいぜい20～30万ウォンだ。それを必要なものを買うのに使ったら、借金は返すどころか増えていくばかりだ。

**おい！　病気でも**
**借金返してから**
**死ねよな**

# 友だちいないのか？

# 若い子、誰か連れてこいよ

客が楽しかったといってチップをくれても、2次がよかったといってチップをくれても、みんな店主の懐に入った。客がカラオケの最中に投げつけて壊れたマイクの代金も、私が弁償させられた。客が買ってくるよう店主に依頼したタバコ代も私が支払った。

借金ばかりふくらむ日々だった。■

# 島のタバン*8

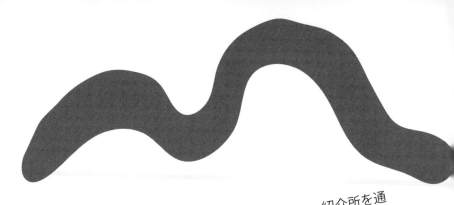

18 歳のとき、はじめてタバン〔茶房〕で働くことになった。紹介所を通じて入った。そこは地獄だった。

午前 11 時に出勤して明け方 3 時まで営業しているのだが、夕方 6 時からは「チケット」で外に出なければならなかった。チケットを買う客がいなくても、とにかく 6 時からは 1 時間 3 万ウォンのチケット代が〔借金に〕上積みされた。チケットの利用なしの出前だけでも、午後 6 時から午前 3 時までだから 27 万ウォンが計上されて、そっくり私の借金になった。店内にいても出前をしてもどうせ時間当たりで加算されていくから、私も他の女性たちも店の外に出て午前 3 時まで時間をつぶした。

運よく客にありつければ給料がもらえるけれど、そうでなければその分だけ借金になる。ほとんど毎月 800 万ウォン以上借金が増えた。これ以上ここにいたら死ぬかもしれないと思って逃げる決心をし、船に乗った。ああ……船内で売店を営むおばあさんがタバンの店主の義母だ。捕まって店に連れ戻された。逃げ出せなかった。紹介所とは連絡がつかない。

怖くて、たまらなくなって、夜中に焼酎を飲んで死のうと海に身を投げた。死ねなかった。目が覚めたらタバンのホールの床に寝かされていた。隣の食堂の社長が私を海から引き上げたそうだ。翌日ふたたび海に身を投げたが、また誰かに助けられた。死ぬこともできない場所だった。

今、その島は美しいといわれ、多くの観光客が訪れているという。■

逃げられないんです。

死ぬこともできないんです。

議政府(ウィジョンブ)市の麦洋バー（座布団屋）に売られた。紹介屋は店主から200万ウォンの紹介料を受け取っていた。議政府の店はテーブル席3つと個室が1つの小さな飲み屋だったが、私がそこに着いて荷も解かないうちに、店主から客を取れと言われた。部屋の隅に荷物を置いて着替えをすませ、すぐに「仕事」を始めた。

客の待つ部屋に入って、はじめて営業システムがわかった。テーブル席でビール1ケースのオーダーを受け、それを飲みながらストリップショーを行い、すぐにその場で2次に入るのだ。店には女性従業員のための宿舎は用意されていなかった。保証金300万ウォン、月家賃30万ウォンの粗末な部屋を借りた。無一文だったので家賃や生活必需品を買うおカネを店主がくれたときはすごく感謝したけれど、それは全部私に課された前払金[*10]で、みるみる積みあがっていった。

月給は30万ウォン。客が来て1テーブルにつきビール1ケースをオーダーし、2次をすれば、売り上げから2万ウォンがもらえる。もし客がビール1ケースを追加オーダーすればさらに1万ウォンもらえた。1日に10万ウォン稼ぐことも難しかった。自宅と店とはタクシーで移動した。タクシー代と食事代が1日に2～3万ウォン、家賃と生活費、公共料金、前払金の利息を差し引くと、借金を返すどころか、公共料金や家賃にも充てられないことが多かった。その店に6か月ほどいたけれど、家賃も滞納したし前払金も返せなかった。紹介料をかぶるのだけはごめんだから[★1]、必死に耐え抜いたまでだ。

★1　6か月以内に店を辞めると、女性が店主に紹介料を返済しなければならない。

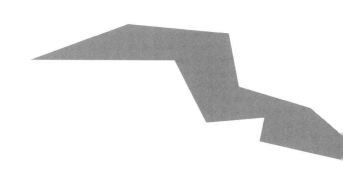

それでも借金は日増しに増えていった。6 か月耐え抜いた後で別のところに行くと伝えた。辞めると伝えると、ならば精算しようといって、店主が帳簿を開いた。6 か月にわたってあらゆる苦労を嘗めてきたのに、前払金は 400 万ウォン以上も増えていた。

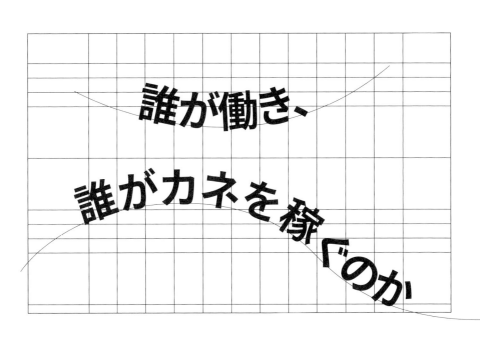

# 誰が働き、誰がカネを稼ぐのか

おじさん！

おじさんは家に帰れば
ワイフがいるのに、
なんでこんなところに

来るんですか？

答えは明快だった。「家にいる女房じゃ味気ないし、思い通りにできないからな。カネさえ払えば、若いねえちゃんを思い通りにできるからいいんだよ」

若くて思い通りにできる存在、私。■

## キャッチの店[*11]

私が働いていたのは俗に「キャッチ」の店と呼ばれるところだった。街頭でキャッチ（客引き）行為をして客をつかまえる店だ。

ある日、キャッチ行為をしていたわけでもないのに、酔ってもいない客が大まじめに店にやってきた。オーダーは基本コースなのに料金に色をつけて払ってくれた。これは幸先がいいと思った。他の女性たちがその客を避けるのが妙だとは思ったが、気にも留めずに個室に入った。

部屋に入ると、その客は私に、服を脱いでじっと横になるよう言った。急に怖くなった。その瞬間、この部屋から無事に出ていけるんだろうかという不安が襲ってきた。そのとき客がカバンからごそごそとトイレットペーパーを取り出した。そしてペーパーに唾をペッペッと吐きかけてグルグルと巻きほどくと、私の性器にモザイクのように貼り付けはじめた。まるでアート作品を制作するかのように、貼り付けては剥がしの奮闘を繰り広げ、時間がくると帰っていった。

ひどく不快だったし、恥ずかしかった。世間の人たち全員が私の裸を見てこそこそささやきあったとしても、あれほどではないだろうと思った。

それからというもの、例のトイレットペーパー変態男が路地の入口に姿を現しただけでもすぐに気がついた。路地の入口からペーパーにペッペッと唾を吐きかけながらやってくるからだ。

買春者が性売買の店を訪れてすることは、たんに性行為だけとは限らない。王様のごとくふるまいたい、侮辱したい、あらゆるファンタジーを満たされたい、わがまま放題したい、悪態をつきたい、札びらを切りたい、殴りたい……そして、そのときに起きる状況や暴力のバリエーションは無限だ。

彼らはエゴイストになりに、ここにやってくる。■

# テンパー[*12]

2003 年の晩夏、知らない番号から電話がかかってきた。ソウル市の江南 ( カンナム ) でお店をやっているマダムがソウルで働ける女性を探しているのだが、今ちょうど釜山 ( プサン ) に来ているから会ってみないかという。その頃、親しくしていたオンニにも連絡があったというので、一緒に会うことにした。

何はともあれテーブル席でウケるには、オリジナルの持ちネタが必要だから、私は生き残りをかけて歌とダンスの二枚看板で活動していた。当時、バンドに合わせてラップしながらダンスする女性はいなかったから、海雲台 ( ヘウンデ )〔釜山の有名リゾート〕界隈ではそこそこ有名だった。そのマダムが言うには、そんな得意芸があるなら、テーブル席でバンド演奏のときだけ部屋に入っても 1 日に 100、200 くらいはふつうに稼げるとのこと。2 次〔性売買〕もないという。釜山では表向きは「テーブル 10、2 次 30」といわれている。ところが、ソウルのテンパーは公式には 2 次はないし、「太客 ( ふときゃく ) と会って『ただ座っている』のが主な目的」だとかなんとか、いずれにせよ「うまく立ち回って優雅に暮らせばいいじゃないの」と誘ってきた。その場で OK した。一緒に会いに行ったオンニとお互いに保証人になることにして、私たちはソウルに向かった。

# #懐柔

ソウル駅でマダムと落ち合うと、その足でアパレルショップに向かった。ソウルは釜山とテイストが違うから、衣装は新調したほうがいいとのこと。マダムの知り合いの経営するブランド品のセレクトショップに連れていかれ、いろいろなブランドの服を着せられると、マダムが気に入ったのを選んで私たちに買うように勧めた。おカネのことは気にしなくていいとも言った。これからがっぽり稼いで毎週少しずつ返せばいいんだから、と。マダムの知り合いの店だから特別にツケもきくのだそうだ。

そうやってその店でひとり当たり500〔万ウォン〕も使い……いや、ツケにしてもらい、次は美容室に行った。芸能人も利用している美容室だそうだ。髪のセットに5万ウォン、メークに10万ウォン。オマケしてあげたと言われた。個室で別々にやったらセット10万ウォン、メーク20万ウォンだという。美容室も今後はこの店だけ使うように言われた。次に紹介されて呼んだタクシーの料金は釜山の2倍だった。釜山でタクシーの迎車料金は4000ウォンだったが、ソウル江南では1万ウォンもした。やはり今後はこのタクシーのみ利用するよう言われた。

ソウルに来ると何をするにもおカネがかかる。マダムは「お客様のレベルに合わせて私たちもせっせと着飾ったり使ったりしなきゃダメよ」と言う。そんなことしていたら、いつおカネを稼げるのよ、と思った。

すぐ次の日の午後から店に出勤した。控室にはすごくきれいな女性が何人もいた。卑屈にならないよう強気そうなふうを装ったが、怖気づくのはしかたないことだった。私たちは釜山の「田舎者」だった。そんな思いを抱きつつも最初の部屋に入り、ダブル、トリプル、フォース、フィフスまで息つくひまなく飛び回った。あちこちの部屋に呼ばれて強いウィスキーをストレートで飲み、歌い、踊った。グラスを渡されるまま水割りにもしないで駆けつけ１杯といって飲まされ、歌がうまいといってまた１杯、いい飲みっぷりだといってまた１杯。出勤初日はテーブル席８室、バンド演奏の部屋５室を回った。

そういう目まぐるしい生活に慣れていったが、その日々は自分の体を自分でどうすることもできなかった。以前とは比べものにならないほど疲れた。客からは、酒を飲んで歌を歌ってカネを稼ぐんだから幸せ者だと皮肉を言われた。

# 目をギュッとつぶって我慢していれば、家も買えるし車も買える

出勤初日は 1 日で 200 万ウォン稼いだが、時間がたつにつれ次第に借金の沼にはまっていった。ソウルに来たときに「グレード維持費」の名目でごっそり買わされたモノやら各種費用やらで、借金はすでに 8000〔万ウォン〕にまでふくれあがっていた。危機感を抱きはじめた頃、事件が起きた。

江南地域にテンパーの名店を何軒も所有する A 会長は、店の幹部やマダム、女性たちに「マイキン」〔日本語ママ , 前払金のこと〕や「サインペーパー（ツケ）」をバラまくことで有名だった。そのせいで債務者となった者を、A 会長は自身のルームサロン専用ビルの最上階にあるオフィスにしょっちゅう呼びつけていた。受け持つテーブルが少ないとか、欠勤したとか、たまったツケを精算しろ等々、細かいことまでチェックしては干渉した。債務者をゴルフクラブで殴ることもあったし、灰皿を投げつけることもあった。店内のあらゆる目が監視カメラの役割を果たし、どんなことでも A 会長の耳に届いた。A 会長に、もはや利用価値がない、またはこのままでは負債がふくらむばかりだと判断された場合、その人物は容赦なく集結地やソープランドに送られた。

そんなふうに次々と誰かがどこかに送られることを知っていたマダムのひとりが、ある日借金を苦に自殺した。さらに2週間後、ツケのたまった幹部が自殺し、複数の女性も相次いで自殺した。警察は事件を調査すると言っていたが、自殺ということでうやむやになってしまった。

華やかで高級な江南の店、他の風俗店とは格が違うといわれるテンパーだが、ここは恐ろしいところだ。徹底的に監視され、何をするにつけ借金が生じ、少しでも価値が下がれば捨てられるのだ。

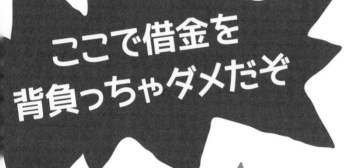

**ここで借金を背負っちゃダメだぞ**

日々の返済額が次第に私を追いつめていった。最初の店で売り上げが落ちてくると別の店に移らなければならなくなり、ふくれあがった前払金を抱えて別の店に出勤した。

**この店でいちばん売り上げの少ない女を連れてこい**

# 逃げればば？その代わり捕まったらわかってるよね？

やがて1年たった。店を移った当初の数日間は「マナーのいい」客のテーブルに回してもらえる。けれど実際にはそんな客はいない。江南は「上位10パーセントの太客」ばかり来店するといわれているが、その上位10パーセントの男たちもみんな同じクソ野郎だ。

ある日、ものすごい金持ちがやってきた。当時、「ルイ14世」というブランデーがテンパーでは1本1000万ウォンしていた。ひとりで来店して10人の女性に「ルイ14世」5本をふるまって帰っていった。マダムは大喜びだったが、女性たちにとってそこはけっして楽しい部屋ではなかった。酔った客は言いたい放題のことを言い、服を脱がせ、女性をモノのように扱い、私にストリップショーを強要した。他の女性たちのいる前で、私だけ服を脱がされ、ダンスしながら歌わされるのはあまりにも屈辱的だった。

けれどそうせざるをえなかった。なぜなら多額の借金を抱えているから。マダムの言いなりに従わなければならなかったから。そんなふうに移れる店が徐々になくなってくると、マダムが私をソープランドに送るつもりでいることを知った。袋小路に追いつめられた気分だった。■

私は 14 歳で条件デート〔援助交際〕を始め、19 歳のとき飲み屋を最後に性売買から足を洗った。

14 歳のとき、はじめて恋をした。相手は 3 歳年上で、彼は私を愛していると言った。

「俺とつきあいたいなら、
『条件』やってカネを稼いでくれよ」

彼のいう「条件」とは何なのか理解するにはあまりにも幼く、私はただ「わかった」と答えるしかなかった。

メッセンジャーアプリを使って彼が男を選ぶと、私は彼に言われるまま、命じられるままに行動した。選択の余地なく 1 日に 8 人から 12 人が基本で、彼が買い手を見つけてくると、私は出かけて「仕事」と称するそれをやった。午後 7 時から「仕事」して、最初は 1 時間 13 万～ 20 万ウォンで 5 ～ 7 人の相手をし、午前 2 時からはなかなか買い手が見つからないから「ロング[*14]」ということで朝 7 時まで一緒にすごして 40 万～ 60 万ウォンくらいを受け取った。

1日に、少ないときで90から多ければ150まで、毎日毎日。彼は「少なくとも」100万ウォンは稼がなきゃダメだといって私を意のままに操った。私はすぐそれに慣れていった。彼に会っているうちに中学も辞めた[*15]。数か月間そうやって「仕事」をしたが、私は10ウォン玉1個ももらえなかった。

毎日のように彼のくれるボンド〔接着剤。薬物の一種〕に依存して、「仕事」をしろと言われれば従った。ボンドが抜ける頃になると、彼はきまってまたボンドをくれた。そんなふうに私は出勤するでも帰宅するでもなく、部屋の片隅に座ったまま壊れていった。

急速に体調を崩し、もはや生きているともいえないような状態だった。辞めたいと言うと、返ってくる答えは「もう俺のこと愛してないのか」だった。そう言われると「まだ彼は私のこと愛してるんだ」と信じ、それ以上の不平不満は言わなかった。

## 俺にはおまえしかいないってこと、わかってるだろ？

ある日、「仕事」を終えて家に帰ると、「彼氏」だと信じていた彼と彼の元カノが私の家の前でイチャついてるのを見てしまった。友だちとお揃いだと言っていた指輪も、その元カノとのペアリングだった。しかも私の稼いだおカネで買ったのだった。もうこんなことやりたくなかった。

14歳の私は、5か月のあいだボンドとタバコとお酒に依存してすごしていた。昨日話した内容もよく憶えていないほど中毒症状は深刻で、体にはボンドのにおいが染みついていた。ボンドを吸うと食欲がなくなるから食べ物を口にすると吐いてばかりだったし、眠りに落ちてふと我に返ると4日もたっているようなこともあった。憶えていない4日のあいだ、私はいつもどおり起き、ボンドを吸い、ごはんを食べ、友だちと電話で話し、「仕事」もしていたという。このままでいたら本当に死んでしまいそうな気がして、母親に打ち明けた。

母はひどく驚き、最初は信じてくれなかった。まさか14歳のわが子がそんなことをしているとは、夢にも思わなかっただろう。母は私のスマホを見てようやく信じてくれた。そして彼と彼の友だちを警察に通報した。

母と私が望んだのは処罰ではなかった。彼が私にした仕打ちとは何なのか、どれほど大きな過ちなのかだけでも、せめて気づいてほしかった。ところが警察に通報したことがわかると、私のことが近所に知れ渡り、酒の席の肴がわりのネタにされた。

# おまえも楽しむつもりだったんだろうが

私が噂に打ちのめされてもがき苦しんでいる頃、彼は高校生だという理由で、学校に通っているという理由で、前科がないという理由で、起訴猶予になった。

一緒になって私に「仕事」をさせていた彼の友だちは、「保護観察法違反」で1年間、少年院に収監された。そして警察は私のことを被害者ではなく、「相手の男（買春者）」を捕まえるための道具として扱った。友だちとも一緒にいづらくなった。母と私は通報したことを後悔した。

買春をした男たちを捕まえるために、私は何年間にもわたって警察や裁判所に呼びつけられた。10人くらいの男が捕まったが、その裁判のたびに裁判所で陳述しなければならなかった。最初に公判のあった日、私は公開の証言席でその男たちと対面して陳述させられた。

14 歳で事件に巻き込まれ、15 歳で始まった裁判が 17 歳の頃ようやく終わった。ある者は罰金刑になり、再犯だった者もいたという。私が相手の男たちのせいで警察や裁判所に足繁く呼び出されているあいだに、私の噂には尾ひれがついて広がっていった。私が高額の示談金を要求したから彼の友だちは示談金を支払えずに少年院送りになったのだと、人々は言いつのった。私は示談金の額を提示したことも、示談を試みたこともなかった。私は謝罪を望んでいただけだ。

彼氏だと信じていた男は学校へ、その友だちは少年院へと、それぞれの場所に行きついたが、私には戻る場所がなかった。とりあえず中卒認定試験の準備に取り組んで合格した。けれど高校に行く自信がなかった。学校の誰も彼もが私に非難の目を向けているような気がした。私は逃げた。■

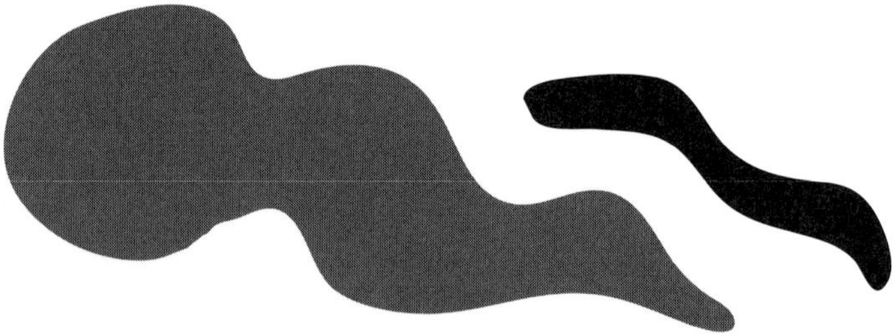

## 手引き屋[16]

抜け出す手掛かりが必要だったが、何をしていいのかさっぱりわからなかった。そのとき友だちが働き口を紹介してくれた。

「カラオケのキャスト」としての派遣、事務所は俗にいう「手引き屋」だった。隣に座ってお酌をし、タッチパネルに入力するだけでいいということだった。それで働くことにしたのだが、どういうわけか手引き屋の叔父さんは私を友だちと同じ店に派遣してくれず、別の 30 代の女の人のところで仕事を覚えるように言われた。「仕事」が終わってからようやく気づいた。叔父さんは私の噂を聞きつけ、私を試したのだった。そのとき私はすべてを諦め、合点がいった。

「そうよ、条件デートなんか
してた私が、1 次、2 次なんて選り好み
してる場合じゃないんだ」

そう思い知らされた。

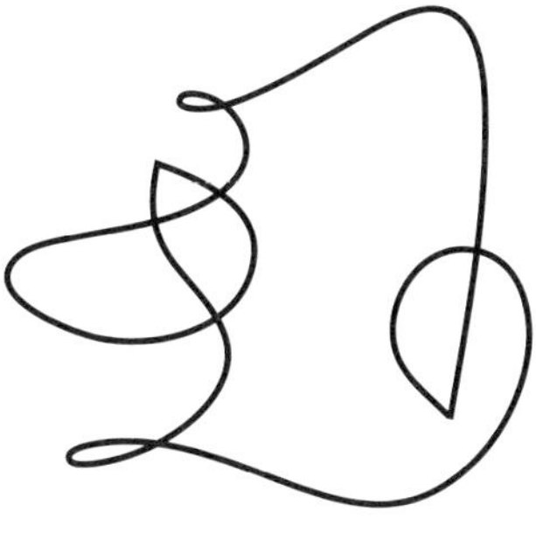

　私は本名より「ヨニ」というキャストネーム〔原文：仮名〕のほうに慣れていた。この界隈のたいていの店では、「ヨニ」といえば私のことだとみんな知っていた。店主たちは私のことを、若いのにしっかりしていると言った。17 歳なのに 22 歳と偽って店に入り、客の機嫌を取り、店主やマダムに愚痴もこぼさず、店に迷惑をかける客がいると逆に店主に詫びを入れる私のことが、店主たちの目にはしっかりした感心な子と映ったのだ。

夜 7 時から朝 7 時まで店で働き、店が終わると叔父さんの車で家まで乗せていってもらい、家の前で待ってもらっているあいだにドレスから制服に着替えてメークを落とすと、また学校まで送ってもらった。私のことがとても気に入ってるから、叔父さんが特別扱いしてくれているんだと思った。後でわかったことだが、それはかたちを変えた監禁だった。私のことを監視してたってことだ。高校は出席しているだけで居眠りばかり、授業が終わると帰宅してお風呂に入り、メークをしてまたドレスに着替えた。

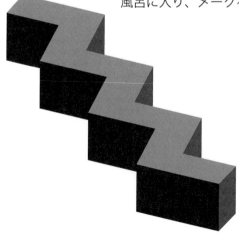

# 実の娘みたいに思ってるよ。

# 親心で言うんだが…

毎晩のように酔っ払い、あの男この男と体を任せるのが当たり前になった。若く輝いていた私、その輝きが消えていきつつあることを周りの誰も気づかなかった。ただ気に留めようとも思っていなかっただけかもしれない。

家族でさえ私がどこからカネを手に入れてくるのか知りたがらなかった。私がごちそうする食事、私が渡す生活費、私が好き勝手に使うこづかいがどこから湧いてくるのか尋ねもしなかった。家で何かあるたびにカネを渡すから喜んでいた。自分でもこれが私の本当の姿よ、今の暮らしに満足してる、すごく幸せ、何度もそう言っていた。

女性なら誰でも月に一度、生理がある。けれど店の女性は月に一度のそれがあってはならない。最初は生理がくると当然休ませてくれた叔父さんも、次第に口やかましくなった。ウェットティッシュをアソコに詰めて、2 次に行くよう無理強いした。みんなそうやっている、それが当たり前だと言った。

18 歳になった私は、もはや新入りでも若手でもなかった。すでに私は「盛りを過ぎて」いた。抵抗するだけの言い分も力も残っていなかった。日増しに体は壊れていった。あそこでは、膣炎は軽い風邪みたいな些細なできごとだった。私は疲れ果てていた。辞めたかった。けれど自信がなかった。これを辞めたら私に何ができるのだろうか。

店からもらうおカネから一定の割合で差し引かれる、俗に「チンテ」という叔父さんの取り分も、20 歳以上のオンニはホテルに行ってやる 2 次の対価 19 万ウォンのうち 4 万ウォンなのに、私は 7 万ウォンも引かれる。店内の個室でやる 2 次なら 10 万ウォンだが、オンニたちは 3 万ウォンなのに、私からは 4 万ウォン差し引いた。どうしてか尋ねると、叔父さんは「おまえは未成年だからな」と答えた。「もし手入れでパクられたら俺はマジでムショ送りだ。だからおまえからは余計にもらわないとな」と言う。私ってなんて愚かでバカだったんだろう。その答えを聞いて「ああ、そういうことか」と納得した。

叔父さんの実の姉は警察署員だった。いつも摘発が始まると前もって教えてくれ、おかげでうちの事務所では摘発に引っかかる者はひとりもいなかった。その頃一緒に働いていた女性たちはラッキーだと話していた。叔父さんのお姉さんが警察で本当によかったと言っていた。

今考えてみると、警察署員が手引き屋を営む弟の便宜を陰で図っていたのだ。「手入れがあるから今日は女性たちを出勤させちゃダメ」と教えていた。その手引き屋で、私は 19 歳になった。

おまえは未成年だから
パクられたら
俺はムショ送りだ。
余計にもらわないとな

体調がよくなかった。毎晩ゴミ箱に顔を突っ込んでその夜に飲んだお酒を吐くのが日常となり、洗髪するたびに髪の毛がごっそりと抜けた。毎日ハイヒールであの店この店と駆けずりまわっていたせいで、じん帯は伸びきっていた。

体調が悪くてもかまってはいられなかった。12月、1月の年末年始は叔父さんたちのいう「ピーク」だったからだ。どうか1週間だけ休ませてほしいと叔父さんに頼んでみたが、返ってきた答えは「年明け早々から何を胸糞悪いこと言ってんだ、ふざけんじゃねえ、おまえを大目にみてやる義理はねえよ」だった。日曜1日だけは休ませてくれていたが、それももう無理だった。

私は少しずつ疲れ果てていった。日が出てからでないと眠りにつくことができず、お酒を飲まなければ眠れなかった。どうしても日中に外出しなければならない場合は、顔をしっかりガードして出かけた。つねに客に顔バレするのではないか、風俗嬢っぽい気配がにじみ出ているのではないか。もしかして中学時代の例の彼の知り合いが客として来たりしないか、私がしていることを知って「やっぱりあいつ、〇〇のこと利用してたんだ。好きで条件デートやってたんだ」と思われるのではないか……そんな考えにとらわれていた。

生理が3か月間止まらなかった。ちょっと立ち上がっただけで立ちくらみがしてへたりこんだ。3か月間ずっとウェットティッシュをアソコに詰めて2次をこなしていたら、トイレに行くたびにヒリヒリしてひどく痛んだ。耐えがたいほどの痛みになったので、とうとう病院に行った。ほぼ毎日通院した。急に怖くなった。この仕事をして百万長者になったわけでもないのに、このまま続けていてもいいのだろうか。今辞めなければ20歳を超え、30歳を超え、40歳を超えても、ずっと性売買生活なのではないだろうか。そう思うととても怖かった。この仕事を辞めなければならなかった。

## 今やめなければダメだと思った

辞めるべきだと決心したときに、辞めなければならなかった。そう心に決めてから考えてみると、もう今から出勤する必要はなかった。「仕事を辞める」と叔父さんにショートメールを送ってスマホの電源を切り、ただただ眠った。学校で机に突っ伏して眠るのではない、ベッドに横になって布団をかけて眠るのは1年ぶりだった。

昼寝やうたた寝ではない、
本物の眠り。

スマホを切ってベッドに入るや、すぐに眠りに落ちた。一度も目覚めず、水も飲まず食事もせず、トイレにも行かずに 30 時間眠った。

## 1年ぶりの熟睡

目覚めると、とてもスッキリしていた。それこそが幸せだった。お酒を飲んで吐きながら、そのあとで男に身を任せて受け取る 70 万ウォンより、30 時間の眠りのほうがはるかに幸せだということを知った。

起き出してスマホの電源を入れてみると、留守電が 30 本以上入っていた。受信トレイやメッセンジャーアプリは悪態一色だった。叔父さんは「別の店で働いても､バレたとたんに殺してやる」と書いていた。叔父さんに借金があるわけでもないのに、どうして他の店に行ったら殺すと言うのだろう。今でもわからない。

性売買をしていた頃、私は被害意識にとらわれて日中に出歩くことなどできなかった。今の私は違う。性売買をしていたことを恥ずかしいとは思わない。■

〇〇〇という島に行くことになった。前払金があったせいで、ありとあらゆる罵声を浴びせられてそこに送られた。タクシーもない小さな村だった。到着初日、「母さん」を自称する店主が村をひと回りして様子を見てくるよう外に送り出してくれた。うれしかった。借金を抱えた私のことを信じてひとり出歩かせてくれるのだから。そう考えると、やさしい人だと思った。漁業市場を過ぎると灯台があった。そちらに向かう私に市場で働くおじさんが声をかけた。

「どちらさん？　秀(ス)タバンの新入りか」

どぎまぎしたが、営業用スマイルを浮かべて答えた。

「ええ。明日から出勤します」

そこを通り過ぎて先へと歩きつつ、しばし考えた。「私、タバンで働いてる女に見えるんだな、バレるんだな」

灯台を見て戻る途中でまたさっきのおじさんに会ったので軽く会釈し、食堂に向かった。食事をしていると「母さん」から電話がかかってきた。

「あんた、○○食堂にいるんだろ、食べたらすぐに戻っておいで。寒いよ」

あたたかな人柄だと思った。そのときは知らなかった。私がどこで何をしているのか、その島の全住民が私を監視しているなんて、そのときはまだ知らなかった。

島の店に初出勤し、初めての出前のオーダーが入った。その日のことは今も憶えている。雨が降りしきり、注文はコーヒー３杯、出前先は○○○という船だった。６隻の船を越えた７番目の船だと言われた。７番目、７番目とつぶやきながら１隻ずつ渡っていった。片手にトレイを包んだ風呂敷を持ち、もう一方の手で傘をさして、大雨の中を滑りやすい船の上をおぼつかない足取りで渡っていく恐怖は、それはそれは、経験したことがなければわからないだろう。１隻１隻の船のきしむ音がいかに大きかったか、揺れ動く船の上がどれほどぐらついたか。７番目、７番目……。途中で網に足を取られ、釣り針で脚に引っ掻き傷ができた。滑ったはずみに次の船に乗り移れないかとひやりとしたが、風呂敷の結び目をしっかり握ってやっと７番目の船にたどり着いた。

風呂敷を開いて注文の品を取り出しながら、「すごく怖かった」と作り笑いを浮かべて言うと、船にいた客に「帰る途中で溺れても声も届かないぜ、気をつけな」と言われた。あの船への出前は今なお忘れられない。恐ろしかった。出前を頼んだ人たちのこともうんざりだった。

## ここで死んでも誰も責任取らねえぞ

その島で本当に一生懸命働いた。前払金を早く返したい一心だった。借金のせいで店主に大事にしてもらえないんだし、だから一生懸命働いた。店主の言いつけどおり、1 日に「オール[*17]」を何本もこなしてカネを返した。1 日中、呼び出されるままに出かけていった。2 次が終わると、思いきり愛嬌を振りまいて客から「オール代（1 日分の営業料金）」を支払ってもらい、すぐさま店に入金するとまた出前、さらに 2 次、そういう日々の繰り返しだった。2 次から戻ると、店主はチップを隠しているんじゃないかと疑って下着の中まであさった。最初にそうされてからは、戻るとすぐチップも全部店主に差し出した。

店の住み込み部屋で眠ることはほとんどなかった。いや、眠れなかった。たまに2次のない日に部屋で寝ていても、午前2時とか4時とかに店主がやってきて、耳元でささやいた。

「今日は〇〇兄さん、来なくていいって？」
「〇〇兄さんからは連絡なかったの？」
「この前行ったとき何があったのよ、呼んでくれないなんて」

そういうことを何度も言われるから、うんざりして早朝からどこでもいいから出かけてしまう。客を呼び出して一緒に飲むときは飲み代を客に支払ってもらい、眠くてたまらずホテルに行って眠るときはオール代を自腹でまかなった。

あるときから消化不良に悩まされた。食事の途中で戻してしまうことが何度もあると、店主から箸とスプーンを取り上げられ、食べかけの食器まで片づけられてしまった。「空腹なのに食べるともたれるなら、何日か絶食するって手もあるわよ」と言い、それからは食事を出してくれなかった。それでも激しい吐き気が続き、めまいもするので、タバンから40分もかかる町の中心部にある病院に連れていってもらった。

「妊娠の可能性はありませんか」

医師の問診に店主はないと答えた。私もそれはないと思った。性について、性関係そのものについて、何も知らなかった。

その頃、あるときはサムギョプサルがすごく食べたくなり、またあるときは寿司が食べたくなった。島に来る前に同じ店にいたオンニが近所のタバンで働いていたのだが、そのオンニがチケットで町の中心部に呼び出されたついでに私を呼んでくれた。前もって寿司を注文しておいて食べさせてくれ、チケットも買ってくれた。うちの店主が食事を出してくれないことを知り、私にごちそうしてくれたのだ。それからは必ず私を指名して出前をオーダーし、「コーヒーは持ってこなくていいから食事してってちょうだい」と言ってごちそうしてくれた。バイクでオンニのところに駆けつけると会って急いで寿司を食べさせてもらい、また急いで戻ってそれを吐くということを繰り返した。

ある日、モーテルから私を指名した出前のオーダーが入った。知らない名の男だった。モーテルに行ってみるとオンニだった。オンニがチケットでモーテルに呼び出され、その客に私を指名して出前をオーダーするよう頼んだのだ。オンニが差し出したのは妊娠検査薬だった。それを手渡されてもなお、妊娠しているはずなどないと思っていた。コンドームを使ったこともないのに、ただ当たり前のように妊娠ではないと思っていた。検査の結果は妊娠で、オンニが配達で頼んでくれた食事を摂って店に戻った。

店に戻った私は店主の顔色をうかがいつつも泣きながら告げた。「お母さん、私、妊娠したみたい。ごめんなさい」。店主は私を店の隅まで追いつめ、大声を上げた。

「ずっと商売上がったりだったのは、おまえのせいか！[★2]」

★2　〔韓国の〕性売買業界には、店に妊娠した女性がいると売り上げが伸びないという迷信があり、厄払いという口実で妊娠した女性に責任を取らせて追い出したり、それまでの業績不振分を借金に上乗せしたりして責任を問うことがある。

みんなおまえのせいだから弁償しろ、一生この島に向かって小便もするななど、口にするのもおぞましいような罵詈雑言をまくしたてた。日ごろ知っていた店主の姿とはまるで違っていた。私はいつまでも「ごめんなさい」、「出ていきます」と繰り返しつづけた。そのときは本当に自分のせいだから辞めなければならないと思っていた。店主はそれから計算を始めた。私の概算では前払金はすでに返済が終わっており、いくばくか受け取れるはずだったから、そのカネをもらったら妊娠中絶手術を受けるつもりだった。なのに店主はまるで違うやり方で計算した。そうじゃないと言っても、私のことばには問答無用で悪態で言い返してきた。当惑していると 400 万ウォンほど支払えと言う。めちゃくちゃな計算方法だった。これまでの売り上げ不振の分に加えて住み込みの部屋代など、約束とはまったく違うやり方で計算していた。

## #店主の計算方法

## #妊娠はひとりじゃできない

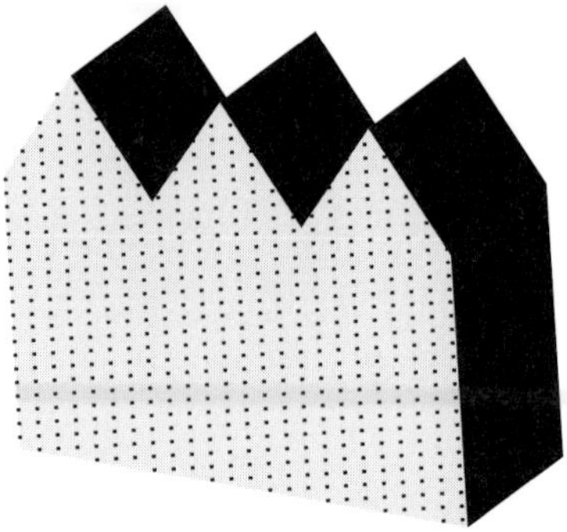

その夜、どうやって店を出たのかは憶えていない。目をかけてくれていたオンニから、最低限の身の回り品だけまとめて出てくるように言われた。表に出ると車が停まっており、オンニとその客が乗っていた。その客が地元の人でなかったから、オンニも手を貸してもらえたのだと思う。客とオンニが〔フェリーで島を出て、本土のもよりの町である〕泰安（テアン）のバスターミナルまで乗せていってくれ、別れ際には数万ウォンを手に握らせてくれた。そのカネでバスに乗り、タクシーに乗り、誰かが追いかけてきはしまいかと各地を転々と隠れながら、ここまで逃げ延びてきた。よく憶えていないほど、恐ろしい瞬間だった。

オンニはそれからもひと月かふた月に一度くらい訪ねてきてくれ、おこづかいをくれたり、美味しいものをごちそうしてくれたりした。クリスマスにはプレゼントも贈ってくれた。やがてあるときから連絡がつかなくなった。オンニは元気でいるのだろうか。■

わたしが

かわいそうな

人間だって

言いたいわけじゃない

## 餅タバン[*18]

人生でいちばん薄汚れた場所、いちばん人間扱いしてもらえなかった場所、みずから生きることを諦めさせられていた場所。

このタバンは、ホールでお茶を飲んだり、出前したり、カラオケあたりでチケットを使ったりするのが主流ではない、もっぱら 2 次をするための、いわゆる「餅タバン」だ。ここの客は買春目当てにタバンに出前を頼む。

客から 10 万ウォン受け取って 2 次をやり、店主と折半する。でもドライバー代や材料費（コーヒーなど）まで取り分から差し引かれるので、10 万ウォンのうち私は 3 万ウォン、店主は黙って座ってるだけで 7 万ウォンの儲けだ。

## #告祀代

# #祭祀代

盆暮れの連休にはいつもより客が多い。女性たちはせっせと「仕事」に励み、店主は私たちの幸せと健康を祈るためだと言い、女性たちのご先祖様に祭祀（チェサ）という伝統儀礼を捧げてくれる。その費用は私の借金になる。タバンが商売繁盛しますようにと告祀（コサ）の儀式をしたといって、その費用を支払わせたこともあった。盆暮れに儲けようと私たちをフル稼働させておきながら別途祭祀代まで請求するとは、今考えてもひどいところだ。当時も内心では「何様のつもりで私のご先祖様の祭祀をするのよ」って思っていたけれど、文句も言わずにひれ伏してお辞儀した。

2次を続けているうちに膣に炎症が生じて、2次ができない状態になった。1日休みたいと言うと、店主が膣錠を箱ごと持ってきて「軟膏と膣錠をここに置いとくから使いなさい。軟膏を塗って膣錠を入れれば大丈夫」と言って働くよう命じた。借金もあって返済しなければならない私は、言われるまま軟膏を塗り、膣錠を入れて「仕事」をした。

とうとう傷口が開き、炎症もひどくなると、店主はありとあらゆる悪態をつきまくりながらも休ませてくれた。また出勤してあの「仕事」をしなければならないのかと思うとゾッとした。もっと休みたかった。店主に電話して、欠勤ペナルティの50万ウォンを明日振り込むと告げて電話を切り、ホテルに部屋を取った。

ひとりでホテルの部屋に入ると、とめどなく涙が出た。何時間くらい泣いていたかわからない。それから考えた。こんな生活では生きているとはいえない。死ぬことにした。ここから出る方法は死ぬこと以外にない。そう心に決めると1分1秒も生きていたくなかった。自殺を試みたが失敗した。警察に発見され、病院は一命を取りとめさせてしまった。

手術が終わると店主が現れて言った。「今日は1日休んで明日から出勤しなさい」。ショックだった。警察もなぜこんなことになったのか尋ねなかった。私は縫合された手首のまま餅タバンに戻った。■

わたしたちは

この暴力を

誰にも

経験して

ほしくない

座談会● 1

# 無限発話

## 当事者が語るということ

性売買の経験について誰かに語るということは、けっして簡単なことではない。幾度となく自分の性売買の経験を思い出し、幾度となく胸のうちでつぶやく。最初は当事者どうし集まって語り合い、やがて身近な人たちに限って語っていた話だ。

伝えたいのは、「私ってかわいそうな人なの」ということではない。ムンチが過去十数年間にわたって語りつづけてきたのは、誰にも私たちのような経験をしてほしくないから、自分で性売買を選択したんだから自己責任だという世の中を変えたいから、性売買のレッテルを貼られて人生を担保に取られたまま生きなくていい社会になることを夢見ているからなのだ。

2006年にムンチで集まるようになってから、内輪で集まる安全な場所で感動を分かち合っていた私たちは、どうすれば地道に顔を合わせ、声を上げていけるのかについて考えた。「反性売買運動は性売買女性に対するスティグマを解消できるのか」という疑問に結論があるのかさえわからず、私たちは不安に陥った。けれど私たちの望む社会にしていくために、自分たちの経験を打ち明け、その疑問の答えを私たちみずからで紡ぎ出し、私たちならではの方法で活動のしかたを探っていった。

「証言」というかたちの発話は、それがどんな場であれ居心地の悪いものになることが多い。自分という存在がたんなる「事例」として扱われているような気分になるのだ。だが、証言はきわめて重要だ。証言が愉快でなかった理由は、自分たちの問題をみずから解決できないという無力感のせいだったのだと思う。つねに誰かの口を借りているような気分だったのだ。変化の主体になれない気分はみずからを消耗させる。証言者と反性売買経験当事者活動家との違いは、たしかに存在する。「ムンチ」が取り組もうとしているのは、証言ではなく「発話」だ。自分たちの経験を再解釈し、ともに議論しあって問題解決に向けての答えを提示することまで含む、そういう発話をめざしているのだ。

＜参加者プロフィール（発言順）＞

- ●セイル：15歳で家出した頃、性売買の店主にスカウトされ、そうとは知らず性売買に入った。
- ●イロ：初に集結地にいて、のちにルームサロンへ。
- ●タンダン：中学校で性暴力事件に巻き込まれ退学した15歳の頃、稼ぐため性売買に入った。
- ●イド：性売買店にいた友人の保証人になったことから、その借金の肩代わりのため性売買へ。ずっとルームサロンにいた。
- ●オリ：実家が破産したため稼ぐ必要があり、彼氏が紹介したルームサロンから性売買へ。
- ●ウジュ：性売買現場で20年間、性売買女性支援を行なってきた非当事者の活動家。

## なぜ語るのか

セイル　性売買について世間で言われている話の中に、私たちの存在が見えないことがもどかしかったんです。「当事者」といえば、「セックスワーク」を主張する何人かの話ばかり取り上げられて、「性売買」そのものに反対する私たちは「哀れな女」、「悪い女」っていうふうにしか見ようとしないことに腹が立つ。ムンチは自分たち自身で人々と出会って語りたいと思ったんです。私たち、誰かの言ったことをオウム返しに言っているんじゃなくて、なりふりかまっていられない、たぎるような当事者の声を持っているってことを示したかったんです。

イロ　歯がゆい思いをすることが多々ありました。性売買防止法に違憲訴訟[*19]が起こされて、その討論集会に行ったんです。公娼制を主張する側のパネラーが「女性たちが求めているではないか」って、「セックスワーク」を主張する女性の話ばかり続けるんです。だから私が、そういう女性たちの話じゃなくてあなた自身の考えをお聞かせくださいって言ったら、「法律を制定するときはマイノリティのことを考えて、そういう人たちにとって何がいいのか考えてるんですよ、どうしてそんなに私の考えを聞きたがるんですか」って言うんです。ネット上に開設された公娼制に対する意見を問う掲示板では、「女性がかまわないなら」性売買そのものを非犯罪化した方がマシという人が多かったんですって。それに女性が処罰されないなら、当然男（買春者）も処罰すべきじゃないって書き込みもあるわけよ。

タンダン　「みんな自分が聞きたい話ばかり聞くんだなあ」、そう思いました。「セックスワーク」を主張する人たちの話って、当事者の話だっていうからみんな真剣に聴くでしょう。逆に、反対の話は何でもかんでも一部の特殊なケースだと、あんたたちは女性運動団体の中でやってるからそんなこと言うんだって思ってるし。これまで私たちの話だってなかったわけじゃないのに、「当事者の話」って、ホントに選択的に流しているのよ。

セイル　それに記者って、どういうわけかいつもカメラを隠して持ち込んで、脚だけとか踊ってるところとかを撮って、モザイクかけたり音声を加工したりして、「借金はあるの？」って質問に「いえ、ありません」って答えるのばっかり出てくる。「2 次には行けるの？」、「収入はどれくらい？」とか尋ねて。キスルーム[*20]に行ってタイマーとか撮って、性売買の斡旋構造や社会の構造的な問題のことは伝えない。

イド　記者に向かって本気で自分の問題を話せるものかな。隠しカメラなんかで撮影してるのに。

セイル　初対面の相手だしね。

オリ　そうやってテレビに映される女性たちの姿は、結局いつも同じよね。

セイル　かつては「うつむく性売買女性」という姿だったとしたら、今は「セックスワークを語る堂々とした女性たち」みたいに、女性たちはみんな望んでやっているかのように。

オリ　ちょっと意識が高そうに思われている人でも、性売買に関するインタビューやコラムを見ると無責任なこと書いていることが多いんだよ。

イド　私の経験とはあまりにもかけ離れた主張をする人たちのことを見ると、歯がゆさを覚えます。もちろん私の経験がすべてを代表しているとは思いません。かえってそう思われないように慎重になるから、あけすけに語ることにいつもためらいを覚えます。私たちの主張を受け入れたくない人たちには、最初から偏見とレッテルがあります。だからインタビューのときもすごく負担を感じざるをえません。自分の言ったことが意図とは違う解釈をされたり、一般論のように扱われたりするんじゃないかと心配だから。検閲なしでリラックスできて、私たちの「力」でもって私たちの「スタイル」で語れる場が必要です。

## 自発／非自発などという区分はない

ウジュ　現行の性売買防止法は、「性売買被害者」という概念を使って〔被害者と認められない〕「自発」の場合は処罰し、みずから望まない者――とりあえず「非自発」と表現します――と分けています。でもこれが実に曖昧です。「偽計、威力、その他これに準じる方法で性売買を強要された者」を「性売買被害者」と規定しているけれど、その範囲をどこからどこまでと見るかが問題で、それに恣意的な解釈に左右される場合が多いから、どの法執行機関が対応するか、どんな人が対応するかによってまるっきり違った判断も可能になります。それに多くの人が「自発的にする性売買のどこが問題なのか」などと言っています。本人が望んでやってるってことはやる意味があるからで、本人の選択なんだから自分で責任を負うべきだって思う人もいるようです。そのことについて話してみましょうか。

イロ　「なぜ性売買を始めたのか」という質問は、「自分の足でそこに向かったんじゃないのか」という意図をこめて訊いているようで不愉快に思うことがよくあります。質問者が欲しいのも、「自分で望んで」という答えなんでしょう。みんな、性売買が社会的な問題で、性売買の広がりは自分にも責任があるという事実に向き合いたくないから、性売買を女性個人の問題にすり替えたいんです。「なぜ性売買をすることになったのか」って話にすれば、構造的な問題には触れずに、たんに個人の不幸や事情だけがクローズアップされるからでしょう。

イド　そういう質問に答えるとき、自己弁護してるみたいな気分になりますよね。たしかに、性売買がしたかったにせよ、おカネのためにイヤイヤだったにせよ、始めたわけでしょう。きっかけとは関係なく性売買そのものの問題を語っているのに、まるで「したくて始めた」といえば、その裏側にある性売買の現場の問題は消えてなくなるかのようにされてしまうんです。

ウジュ　個人の状況は人それぞれ違いますよね。「もしDVに遭っていなかったら」、「あのときレイプされてなかったら」、「私を売り飛ばした彼氏に出会っていなかったら」などと言うけれど、そういうあらゆる可能性が取り除かれれば性売買などしなくてすむってことだけれど、そういうことって千差万別でしょう。性売買の仕事を始めるってこと、ご自身にとって自然なプロセスでしたか。

セイル　はじめて性売買に入った頃、私は悩みませんでした。悩むのって、いくつかの選択肢から選べるなら悩むこともできるけれど、私の状況ではそんな余裕はなかったから。ただ決めたんです。15歳で家出して家に戻れない状況で、店主にスカウトされたんです。私のこと家出少女だって知ってるから「うちの店で働けばいい」って言われて、おカネもないしお腹も空いてたから行くことにした。そこで自分がするのが「性売買」だなんて知らなかった。最初､行くことにした決め手は「おカネ」でも「性売買」でもなくて、ただ行く当てがそこしかなかったから。だけど店に入って言われるまま働いて、店を移るときに前払金が生じて借金が増えて、それでおカネが目的になるんですよ。そういう状況になったのは自分の責任だと思うから、当たり前のように自分は自発的にこの仕事をしているんだって言ってました。おカネがやり取りされてるから、非難される責任も自分にあると思ってましたし。

イド　私は性売買の店で働いている友だちの保証人になったんです。その店主が訪ねてきて、友だちが借金を返済できなかったからおまえが代わりに働けって。働けないなら今すぐ耳をそろえて返せって、すごい剣幕で。自宅に押しかけられてそんなこと言われたら、選択肢はその場でおカネを返すか働くかの二つしかありませんでした。私もあの頃はセイルと同じで、性売買について具体的に考えたことはありませんでした。店でどんなことが起きているのかも知らなかったし。ただ何時間か一緒に遊んであげればおカネをもらえると聞いて行ったんです。だけど性売買をしなくちゃいけないって知っていたとしても、あの状況で選択肢は他にありませんでした。

タンダン　私は中学 2 年生のとき性暴行事件に巻き込まれて学校を辞めたんですが、いじめられるし悪口言われるしで、マジでうんざりでした。「あのやさぐれ娘、学校にも行かないで」なんて言われるのがすごくイヤで、自力で何かして稼がなくちゃって思いました。いざ仕事を探してみると 15 歳の私にできることなんてなかったんです。

オリ　私は本当に決心しなければなりませんでした。アジア通貨危機〔1997年〕の頃、リストラで実家が破産して住んでいた家からも出ていかなくちゃならなくなり、カードローンを抱えていた友だちと一緒に情報誌を見たんです。情報誌によく出てるでしょう､｢月300万､住居･食事提供｣って。それで連絡してコーヒーショップで面接したのが弥阿里（ミアリ）[*21]や光州（クァンジュ）でお店をやっていた店主だったんです。手っ取り早く稼ぎたいかって言われました。当然、すぐにでも稼いで辞めて別の仕事をすればいいだろうと思って行ったんですが、とてもできそうになくて帰ってきました。ちょうどその頃、彼氏がいたんですが、「カラオケのコンパニオン」をすればいいって言うんです。日給で支払われるから2か月くらいそれをやりました。そしたら彼氏がもう少し安定した仕事はどうだって言うわけよ。彼氏が性売買の店にルートをつけてくれたんです。あの頃は頼れる人もいないから、言われるがままに始めました。「音楽ホール」ってところに行きました。一種のルームサロンみたいなところで、そこで始めたんです。最初はテーブルサービスだけのつもりだったけど、借金が少しずつ増えてからは2次〔性売買〕まで行くことになりました。2次にも行くって言ったら、彼氏にめちゃくちゃ殴られて。

イロ　めちゃくちゃ殴っておきながら、おカネを持ち帰ると一緒に使うくせに。悪態は言いたい放題でさ。

オリ　あの頃はまともな判断ができなかった。2次に行くって聞いて殴ったのも、私のこと愛してるからなんだと思ってました。

イロ　まともな判断ができるとかできないとかの問題じゃないよ。人間って不利な状況に陥ると、いいほうに考えようとするものでしょう。今になって話せば「あの頃はどうかしてた」って言えるけど、当時は自分を守るための選択がそれしかなかったのよね。

## 性売買にもランクがある

イロ　私は最初から集結地にいたから、後でルーム（サロンと呼ばれる遊興酒店）に行ったら若くても扱いが違いました。

オリ　みんな集結地は落ちぶれてたどり着くところ、って思ってますよね。仕事を始めてから、ルームで働いていたオンニたちが4000も5000も借金を抱えて集結地に来るのを見て、私はああなっちゃダメって思ってたっけ。

セイル　ルームにいるときはタバンにいたって言っちゃダメだけど、タバンに行ったらルームにいたって言える。この業界にもそれなりのランクがあったわけよ。

イド　私はずっとルームにいたけど、マチ金業者がアガシ〔お嬢さんの意、ここでは性売買女性を指す〕をトルコ風呂〔ママ〕とかに送り出してた。ルームにいると、そういうところってまるで想像できない。自分も同じ性売買してるくせに、あんなところ絶対に行っちゃダメ、みたいな。ルームで一緒に働いていたオンニが集結地に行ったんだけど、2か月くらしてごはん食べようってことで会ったんです。それで、どうしてお酒も飲まずにすぐに2次なんかできるのって尋ねたら、オンニは2か月くらいしたら慣れたから、今ではわざわざお酒飲んでからやれって言われたらできないかもって言ってた。

セイル　考えてみると、シラフのままじゃやれるわけないって思ってたけど、一方ではお酒飲んで2次までこなすのは、そりゃたいへんだろうなって、わかる気もする。

タンダン　集結地に慣れることに恐れを抱いていたんだけど、集結地にいてからルームに行ったら、それもしんどい。お酒飲んでやるのがすごくきついから「もういいから集結地に行かせてください」って声も出てくる。

セイル　お酒を出す店にいてからタバンに行くと、またお酒の店に戻りたくなる。どうせチケット利用で朝8時から午前2時まで働かなくちゃいけないから。結果としてやってることは同じだもん。ルームで働いてたときは外交[★3]に行かなきゃならないでしょう。あれ、マジで恥ずかしかったな。店主から、朝10時に白いTシャツとデニムの地味な格好で出てこいって言われる。真っ昼間に客の経営する会社に行って、ツケを回収するために客と取引するってわけ。客は「タダでやらせてくれたら夜に宴会してやる」って。それがすごく屈辱的だった。

タンダン　だけど買春者たちって、そうやって昼間会社に訪ねていったりしても全然恥じ入るふうでもなく、優遇されてるって思うんだよね。「俺はどこそこに行けばこんなに優遇されてるんだぞ」って武勇伝みたいに話してるでしょ。

イド　そうそう。男って「どこそこのマダムは俺にこんなことしてく

★3　原注：ツケの回収や宣伝活動のために、マダムや店主が女性を伴って客先に挨拶回りに行くこと。ときには「外交」の名目で日中に無料で性売買をさせられることもある。

れるんだ」って自慢してるもんね。

イロ　私は集結地からルームに移ってタバンに移ったんだけど、タバンは出前だけしてればいいと思ってたけど、朝っぱらから酔っ払った買春者とチケットでやらなきゃならなくて……

タンダン　性売買の店のうち、女性がいちばん最初に流れるのはタバンで、集結地が最後のどん詰まりって言うけど、チケットタバンは時間イコールおカネで、何をするにもおカネがかかった。コーヒーの出前じゃなくてカラダの出前だもんね。それを時間単位で、チケット代ってことでおカネを受け取るから、その時間に自分で好きなことすると、そのぶんは自腹で払わなけりゃいけない。そうやって自分で使う自分の時間がまるまる返済しなければならない借金になりました。

セイル　チケットタバンでは出前して一緒にお酒を飲んで性売買まで全部やらなきゃならないけど、集結地は性売買だけしてればいいっていうから、ちょっとマシかもしれない。でも集結地に移るってことは、なぜか死刑宣告を受ける感じで、どこか集結地にはそういうイメージがありますよね。自分は寝転がってて、客が来て、ただやって帰ってくっていう。

イロ　タバンの場合はお茶も淹れるし外出もする、だけど、集結地はただ閉じ込められているって感じがあります。

オリ　自分のカラダが本当にそれをやるだけ、そればっかりしなくちゃならないヒトになるって認識があるのよね。

イド　人間じゃなくて機械になる感じ。

タンダン　行ったことのないところが一つあるんだけど、そこは完全に罪を犯して島流しされるところってイメージでした。「叔父さんの言うことちゃんと聞くから、どうか〇〇〇にだけは送らないでください」ってね。

セイル　みんな〇〇〇島に送られるって思ってるもん。

イロ　私も年を取って行く当てがないから、島に売られる直前に抜け出した。ああいう島ではどうするのかっていうと、ふつう、船が入ってくると、寝てても午前10時であれ11時であれ、すぐさまお酒飲んで性売買して寝て、客が来ればまたお酒飲んで性売買して寝て、それを船が入ってくるのに合わせてずっと繰り返す。あそこの人たちは朝とか夕方とかないから、一緒に寝て起きてお酒飲んで、時間の感覚がない。

セイル　船乗りって船が何か月かに一度港に入ったら1か月休んでまた出ていく、そういう生活だけど、あの人たちにも前払金があって、前払金を受け取って停泊中に飲み屋で使い果たしてまた出ていくってやり方なんです。だからいつまでも船に乗りつづけるしかないのよ。

イロ　それ「イノコリ〔日本語ママ〕」っていって、船主が行きつけの店に船員を放りこんで、1週間なら1週間、アガシを呼んで飲み食いして寝てってさせるのよ。お互い監視してるんでしょ。新入りの女性にコワモテの客を担当させて逃げられないようにして、古株のオンニたちは気楽な相手と一緒にすごして。マジでイヤでもどうすることもできない。そうやって何日間かすごすあいだに悪ふざけしたり無理やりやったりしてアソコが赤剥けちゃって病院に行く人もいるし。そうやってお互いに監視するのよ。恐ろしかった。

タンダン　結局はみんな同じことなのに、それでも当面はここのほうがまだマシだって店主に言われて、そう思わされてるから、時間がたてばたつほど、どこかに移るのが怖くなって、そんな感じだったと思います。

## 「性売買していた女」に向けられる視線

オリ　性売買の店にいるとき、世間のレッテルみたいなこと考えましたか。

全員　考えなかった。

セイル　そんなこと考える余裕がどこにあるのよ。そんなこと言ったら店主から「余裕こいてるなあ。余裕があるからうつ病になるんだ。死ぬほど辛かったらうつ病にもならないぞ」って言われたはずだよ。性売買の現場にいるときはレッテルだの何だのってそんなことわからなかった気がします。そういうレッテルのこと考えるのって、もしかしたら、辛くて逃げ出したりしたとき、店主が家族に知らせるんじゃないかって心配するときかな。

タンダン　そうよね。逃げ出したら店主がすぐ家族に知らせるだろうから、それで逃げ出せないんでしょ。「お宅のお嬢さん、性売買してたんですよ」って聞かされることが、死ぬまで私の家族には起こりませんようにって願ってるもの。

セイル　実際に、店にいるときは性売買とかじゃなくて、詐欺や別件で店主から告訴されることのほうが多いよね。詐欺、盗み、横領、器物損壊、いろいろあるじゃないの。それでも別件より「性売買」のほうが怖い。何かで捕まって取り調べで供述するとき、たとえば詐欺の取り調べでも「店主に性売買をさせられた」って言わなきゃいけないってことがね。

タンダン　店を移ったことがあったんだけど、すごくしんどいのよ。ドクソ野郎がいて朝から酒を飲まされて、そうなるとマジで。それで１日２日店に出なかったら怖くなっちゃって。それで何日かしたら店主があちこち探し回って、「あのアマ、訴えてやる」って、それが発端よ。それでその店の前払金を返そうと思って、別の店を訪ねた。事情を話して別の店で働くことにして、あとは店主と紹介屋とで適当に話をつけてくれるってことだった。なのにそいつらが間に入って、ふざけたことしたわけよ。私はそういうことで返済が終わったと思ってたのに、あいつら受け取ったおカネをピンハネした。だから知らないうちに私が詐欺師になってたわけよ。タバンで働いていたとき、チケットの客のところに行く途中で検問に引っかかった。身元照会でバレて捕まっちゃった。こっちは完済したと思ってた前払金を返してもらってないって、知らないうちに告訴されてた。「働いていた期間は何か月で、詐欺をはたらくつもりはなかった。こっちの人が支払いを済ませたと思って、それでここで働いていた」って言っても、そんなこと全然聞き入れてもくれない。警察は、タバンで働いてる女なんて「どうせそういう女」って感じで、店主の言うことばかり聞くんだから。詐欺で告訴した店主がやってきてひと暴れして、それで私は二重に借金を背負わされて詐欺師呼ばわりされて……。そこには「私」なんて存在しない。警察が介入したところで店主と紹介屋で口裏を合わせて、私はその「カネ」についても自分が働いていたことについても、何も言わせてもらえない。

セイル　ルームサロンで店主から店の車でアガシたちを送ってやってくれと言われて、仕事を終えて店の寮に送る途中で事故を起こしたオンニがいました。車は大破して、運転してたオンニは肝臓を損傷しました。治療があるから働けないと言って帰ったら、店主はそのオンニを、車を盗んだといって告訴したんです。あるときはまた、カバンに入れておいた現金がなくなったといって店主がオンニを盗みで告訴したんだけれど、目的はおカネじゃなくて逃げた女性を捕まえることなんだよ。

イロ　捕まえる目的で告訴するパターン、多いよね。詐欺罪で告訴すれば検問に引っかかった途端に捕まるし、そうやって捕まればたいていはろくに供述もさせてもらえないし、警察では逃亡して捕まった犯罪者扱いだから、女性の側からすれば警察はまず店主の味方に見えるし、そうなればさらに怖くなるでしょう。10代でタバンでちょっと働いて逃げ出した少女に、以前店主から受け取った50万ウォンのせいで詐欺の前科がついたりしたら、世間がいかに冷たいかって身をもって経験するもんね。そんなふうに犯罪者のレッテルを貼られたら、店主のことがさらに恐ろしく思えてしまう。店主にしてみればとりあえず詐欺で告訴して、捕まったら取り下げればいいわけで、ホントに「ダメモト」なんだってば。あるオンニは交通事故を起こして店主が罰金を立て替えてくれたんだけど、それを返さないって告訴されました。ただ捕まえるために告訴したんですよ。

セイル　私もそうでした。店主が支払うべきドレス代なのに店主は陰に隠れて、ドレス代、化粧品代、そういうのを全部まとめてそれぞれの店の名義で告訴したんです。そういうのって個々の金額はちょっとずつでも件数が多いでしょ。そうすると私がものすごい金額の詐欺をはたらいた、まるで詐欺専門の犯罪者になっちゃう。

タンダン　夜食屋からも告訴された。なにか注文した代金を踏み倒したって。

イロ　性売買店の女性を相手に商売している人たちは、みんな店主と同じような考え方なんだよ。本当かどうかはともかく、とりあえず告訴すれば警察に捕まるし、それで捕まれば警察も頭から「そういうことをする女」って扱いだから、店主にしてみればすごく便利でしょ。

タンダン　集結地にはクリーニング屋も布団屋もあるし。

イロ　布団のクリーニング代が月30万ウォン、40万ウォンでしょ。

セイル　店を辞めるって言いだしたら、月ぎめで支払ってた雑貨屋さんとかヤクルトおばさんも代金を回収しなくちゃって、店主の代わりに大騒ぎするじゃない。ドレス代やクリーニング代の残金がどれくらいなのか、こっちはわかるわけないでしょ。

タンダン　50万ウォンの未払金があったら100万ウォン、200万ウォンに水増しして告訴状に書くのよ。そんなの、誰にわかるもんですか。帳簿は店主が握ってるんだから。

セイル　私たち、店を出た後、住所は別の場所に置いたままであちこち移動しているけど、証拠がないでしょう。だから金額は言ったもん勝ちよ。

タンダン　帳簿は全部店主が持っていて私たちには何も証拠がないから、手の打ちようがないのよ。私はそういうものだと諦めて生きてました。

セイル　私は店を移って働いていたけれど、下着売り叔母さん[*22]に捕まって 70 万ウォン返済させられたわ。

(店を移るたびに経験した受難や抱え込んだ借金の話題がどっと噴出)

イロ　ホント、悪知恵も半端ないのよね。詐欺罪で告訴することで、逃げたアガシを警察に捕まえさせるなんて、なかなか思いつくもんじゃないよ。

セイル　私の場合、店主が保険に入れてくれたんです。18 歳くらいのとき保険の外交員を呼んで終身保険、高いやつに加入したんだけど、それで個人情報が全部知られちゃった。生年月日から何から全部書くでしょ。そのときは店主が保険に入れてやるっていうからありがたいと思ったけど、後で思えば別の目的があったのよ。少したったらあっさり解約して。保険の外交員が店主の知り合いだったわけ。

タンダン　そういうふうに、はじめて足を踏み入れた瞬間、個人情報が丸裸になるのよ。そうやって私たちからカネを巻き上げるんだって。紹介屋たちは基本的に住民登録証[*23]を 50 枚から 100 枚持ってます。それをいろんな持ち駒として使うんだけど、仕事のために保険証を作ったりするときじゃなければ、住民登録証を返してくれませんでした。

イロ　　働きはじめた未成年の頃、住民登録証を偽造されて渡されました。今もあのとき使ってたニセの住民登録番号を憶えてる。

セイル　　私は未成年の頃カラオケで寝泊まりしてて捕まったことがあります。理由もないのに取り調べされて、その担当者に「あばずれ」って言われて、子どもだからって壁に向かって立ってろって言われた。

タンダン　　以前は一生あそこから抜け出せないって思ってたから、「性売買女性」という世間のレッテルは意識してなかったように思います。

イロ　　中にいると関係ない話よね。似たような人間ばかりのところで暮らしてるからね。

タンダン　　あの町では朝 10 時にネグリジェ姿で出歩いてても平気だもんね。

イロ　　あそこではみんなそんな格好で出歩いてるから。

セイル　　スリッパ履きで。

オリ　　性売買が生活のすべてだったから、あそこでは。自分たちだけが知らずにいたのよ。よそではああいう場所にレッテルが貼られてたのに、それを知らなかった。

イロ　　永登浦（ヨンドゥンポ）*24の集結地は、デパートの駐車場から出てくると必ず通るところにあるんです。一方通行だからデパートから車で出てくると否応なくあそこの前を通らなければならないから、いろいろ言われてたわよね。昼間もアガシが飾り窓に立ってるからね。ときどき買い物客の車が迷いこんで騒ぎになるの。そういうとき私は騒ぎ立てる女たちのこと悪く言ってたし。

セイル　私たちとは別世界にいる女たちだからね。

オリ　なんかバカにされてる感じがするでしょ。

セイル　あの人たちって見物しに来てるんでしょ。

イロ　それがイヤな感じなのよ。

タンダン　「あんたが私にカネくれるわけでもないくせに」って思ってた。

イロ　男で来るのはどうせ買春者だし、昼間に車で通りすぎるあの女たちはカネを落とすこともないくせに来るからイラつく。私たちと同じカラダを持ってるのに、私たちを見物しにくるんだもん。

タンダン　私はタバンにいた少女時代、他の大人やおばさんなんかは気にならなかったけど、学生の前ではすごく恥ずかしかったな。

セイル　同世代の人たち？

タンダン　ええ。こう考えてたのよ。「私もあんなことさえなかったら、あの子たちみたいに学校に通ってたはずなのに。あの子たちは手に学生カバンを、私は手にオボン〔日本語ママ，出前用のトレイ〕を持ってるんだ」って。そう思うこと自体、あの子たちと自分が比較されてる感じですごくイヤだった。それと「あんたたちが学校行けてるのは親のおかげなんだからね」って、気休めにしてた。

イロ　他にも「私はしこたま稼ぐんだから。あんたたちは学校行ってるけど、私はおカネを稼いで、今にあんたたちよりリッチになるんだから」みたいなこと考えて、慰めてました。

タンダン　だけど死ぬまで抜け出せないし。

イロ　そう。それを知りながら自分をごまかしてそんなこと考えてた。

## 強がり、見栄、プライド

タンダン　そういう見栄は買春者にも張るじゃないですか。ホント、ぱっとしない男が来てあらゆる変態プレイをしたがるから、「ああ、マジどんくさいやつ、めっちゃ稼いでるこの私がこんなのの相手するなんて」って、内心はね。

イロ　だけど実際にはたかが知れてるでしょう。差し引きしてマイナスにならなけりゃラッキーよ。

タンダン　毎回「20万ウォンちょうだい」って言うと、店主が「どうして」って。だから「家に送るの」って言って。

オリ　買春者に借金抱えてるのかって訊かれるの、なんでそんなに知りたがるんだろう。私、借金があるなんて一度も言ってませんよ。

タンダン　「ねえ、私ちょっと借金あるの」って言ったのよ。もちろん、ちょっと話がわかりそうだと思える相手にはね、話すこともあった。「ねえ、借金あったら返してくれる？　なんちゃって、ありえないこと言うのはやめとこ」ってね、「あたし、月々どれくらい使うと思ってんの、月に500〔万ウォン〕も出せるわけないわよね」なんて言ってたけど、実際には500なんてとんでもない、締めのたびに店主に「母さん、10万でいいからちょうだいよ」って頼み込んで暮らしてたのに。

オリ　私も店主に「母さん、1万ウォンだけちょうだい、あのお店のチャプチェが食べたいのよ」っておねだりしてたな。せこいよね。

イロ　みんなかわいそうすぎる（笑）。

オリ　月に1200は稼いでたのにさ。

タンダン　小銭を貯めてキムチチャーハンの出前取ってたな。

セイル　私、買春者に借金抱えてるって言ったんです。もちろん見込みのない相手にはそんなこと言わないけど、かわいそうだと思ってくれる人がいたら2000万ウォン、3000万ウォンも借金があるって言ってました。もしかしたら返してくれるんじゃないかと思って。

イロ　私のいたところは新入りのアガシたちがくると、知らない叔父さん★4をよこすのよ。初めの頃に何日か客を装って来店してヘンなプレイもなしでやさしいふりして、借金はあるのかって訊く

★4　原注：店主が店や女性を管理するために雇う一種の暴力団員を指す。

のよ。私もしんどいから、もしかして手を貸してもらえるんじゃないかって期待して、正直に借金があるって言ったら、出てっちゃって。入れ替わりに店の叔父さんたちが来て殴られた。カマかけたのよ。借金があることが客に知られると、女性が監禁されてるって通報されかねないから、見せしめと監視を兼ねて新入りのうちに焼きを入れとくのよ。そういう目に遭うと、借金があるなんて二度と言えなくなるでしょ。

オリ　借金があるって口に出すのはプライドが傷ついた。借金のせいであそこから抜け出せないこと自体、みじめな気分だったもの。買春者には、好きでやってるんだって言ってたけど。

イロ　私は借金があると言ってひどい目に遭ったことがあります。常連客だったけど横柄じゃないし親切だった。なのにある日、「どうしてこんなところにいるんだい」って訊くから、借金があるから働かなけりゃならないって答えたら、それから態度が豹変した。その客は逆に、借金があるならどんな扱いをしても身動きが取れないって思ったんでしょうね。

イド　つまり、「借金があるのか」って訊かれたら「ない」と答え、「儲かってるか」って訊かれたら「儲かってる」って、「ここの稼ぎ頭よ」って答える。せめてそこで雑に扱われないようにね。

通信欄

小社の本を直接お申込いただく場合、このハガキを購入申込書としてお使いください。代金は書籍到着後同封の郵便振替用紙にてお支払いください。送料は200円です。

小社の本の詳しい内容は、ホームページに紹介しております。是非ご覧下さい。　http://www.nashinoki-sha.com/

【購入申込書】（FAXでも申し込めます）　FAX　03-6256-9518

| 書　名 | 定　価 | 部数 |
| --- | --- | --- |
| | | |
| | | |
| | | |
| | | |
| | | |

お名前

ご住所　（〒　　　　　）

電話　（　　）

郵便はがき

恐れいりますが
切手を貼って
お出しください

1 0 1-0 0 6 1

千代田区神田三崎町 2-2-12
エコービル１階

**梨 の 木 舎** 行

★2016年9月20日より**CAFE**を併設、
新規に開店しました。どうぞお立ちよりください。

お買い上げいただき誠にありがとうございます。裏面にこの本をお読みいただいたご感想などお聞かせいただければ、幸いです。

| お買い上げいただいた書籍 |
| --- |
| |

梨の木舎

東京都千代田区神田三崎町 2−2−12　エコービル１階
TEL　03-6256-9517　FAX　03-6256-9518
E メール　info@nashinoki-sha.com

(2024.3.1)

# 2章　性売買女性を生きるということ

商才がある、あと１か月働いてくれといって指輪を買ってくれる社長。みんなで会食した時においしい料理をこちらに回してくれる社長。他の女性たちに私を見習えといってプライドをくすぐってくれる社長。体調の悪いときペナルティを加算せずに休ませてくれる社長。仕事をしっかり覚えれば店を持たせてやると励ましてくれる社長……そういうのが私にとって「当たり」の店主だった。

けれどそれは私だけに向けられたことばではない。つまり私たち一人ひとりを手先にして他の女性を密かに監視させ報告させるために、相手を選んで好意的にふるまい、飼い馴らすためのことばなのだ。私が売れっ子のときはつかのま親切な店主だが、太ったらキュウリや青唐辛子ばかり味噌もつけずに食べさせられた。２次に行かずに部屋で寝ていると、役立たずのアマと嫌味を言われた。

タバンにいるとき、朝になっても店主は起こしてくれなかった。起きていかなければ１時間につき３万ウォン借金を上乗せできるから、目が覚めないようにそっとしておいたのだ。飲み屋にいるとき、店主やマダムに嫌われたら客の部屋に入れてもらえなかった。そうなれば稼げないし、稼げなければ借金を返済できないし、返済できなければ意のままにこき使えるからだ。クソ客のせいでつらい思いをしたり、酒に酔ったり、代金を立て替えさせられたりしても、店主は関心を示さない。ただ私の借金に上乗せすればいいから気楽なものだ。ただ「そりゃまた何があったんだい」とか言って私のせいにすればいいのだ。

「当たり」の店主なんてどこにいるものか。どこそこの店主はゴールドの指輪をくれたとか、どこそこの店主はよくしてくれたとか……。

ゴールドの指輪なら私ももらった。でも違う。店主の思いつきの行動や気まぐれな好意で、性売買の現場の絶対的な暴力を覆い隠すことなんてできない。■

# そんな体してるくせに、よくもまあ食えるもんだ

設定コースどおり遊んで帰る客、チップをくれる客、何もしなくていいから休みなさいと言ってくれる客、借金を返してくれる客、客として来て長時間コースを利用してごちそうしてくれたりプレゼントをくれたりする客、お酒や歌で乱れたりしない客、性器の小さい客、２度やらせろと言わない客……。そういうのが私にとって「当たり」の客だった。

「ハズレ」の客がめちゃくちゃ多いという意味だ。

支払った以上のことを要求し、やりたい放題しておきながらカネは出せないと脅し、休みなさいと言ったくせに店には私のことを悪く言って１次と２次の代金を全額払い戻させ、あることないこと悪態をつき、一緒に暮らそうと言って借金を返してくれてからは暴力を振るい、ストーカーになり、ヤク漬けにさせ……。そういうのはふつうの客だ。

両者の違いはほんのわずかだ。「当たり」の客が気分を害せば、ふつうの客になる。■

#当たりの客

#当たりの店主

#そんなのいない

店主たちが私たちのためを思ってだとか言って、口にすることばがある。そのことばに喜んだり泣かされたりした店での日々や、そのことばに感動して頑張った自分のことを思うと、これを書いている今でも胸の動悸が激しくなる。

店主たちは「自分のことを家族だと、母さんだと、叔父さんだと思って信頼しろ」という。性売買の店にいるとき、そこは私たちにとって生存のための場所であると同時に人間関係のすべてだったから、依存しコントロールされる関係が容易に成立する。あの頃、店主が私のためを思ってかけてくれていると思っていたことばがある。

## あの客はマナーがいいから。

即金で支払い、殴らないという意味だ。当時は私に「いい客」を回してくれる思いやりに感謝した。だが、このことばは、「いい客」だから何を望まれても拒否せず、望みどおりに対応しろという意味だ。リピーターにしてもっとカネを使わせろという事前の言いつけだ。それができなかったら、私はマナーのいい客を取り逃がした罪人なのだ。

# あのテーブル、酒を捨ててるのがバレたら××されるよ。

ルームサロンで店主は、客にバレずに酒を捨てるよう女性に指示する。そうすれば売り上げがアップするからだ。ただ、気難しくて粗暴な客が来たときは気づかいを示すように、気をつけるように耳打ちする。それがテーブルで酒を捨ててるのがバレたときの責任を女性に負わせるための方便とは思わなかった。仕事してて酒を捨てたのが客にバレて、何百万ウォンにもなる酒代を全額借金として押しつけられる女性が多かった。酒代の弁償を免じてもらおうと、客に命じられるままにタバコの灰、唾、ティッシュといった汚物の混ざったゴミ箱の酒を、ザルでこして飲み干した女性もいた。

気をつけな

同じ日、同じ時間帯に 2、3 人の客を受けることを「二担」、「三担」という。遊興酒店ではふつう「三千人の宮女がいつでもスタンバイ」といったコピーで宣伝し、客が来たら女性たちを並べて客に気に入った女性を選ばせる。客の多いときは、店主の指図どおり二担、三担まで対応しなければならない。2 次の性売買のときも、店と提携したホテルの別々の部屋に買春者を案内しておいて、「ちょっと店に行ってくる」と言って安心させて席をはずし、別の部屋やルームサロンを回って他の客もかけもちでサービスするのだ。

## とりあえず出かけて入れさせてこい

「とりあえず出かけて入れさせてこい」とは、さっさと本番だけすませたらすぐ出て二担しろという意味だ。二担しているのが買春者にバレて、殴る蹴るの目に遭う女性もいる。当時は、私たちによかれと思ってもっと稼げるように二担させてやってるんだという店主に、言い返そうという気さえ起きなかった。■

無数の客の相手をした。なかには今でも憶えている客が何人かいる。

**○○産婦人科医師**

酒を飲みながら、診察と称して私をテーブルに寝かせてビールグラス、ビール瓶、各種フルーツを膣に突っ込んだ。同席者がいたが、おかまいなしで「お遊び」を続けた。私は彼らグループの「お遊び」に弄ばれるしかなかった。屈辱的だったし苦痛だった。

**刑事**

自分で刑事だと名乗った。自慢げに身分証を示し、言ったとおりにしないとタイホするぞと脅した。エロ動画で見たプレイと同じようにやれと言われた。

**アタッシェケース**

007のようなアタッシェケースを持ち込んだ男だ。2次に行ってみると、そのカバンには鶏の羽が入っていた。頼まれたのは、腕に鶏の羽をつけ、モーテルの部屋の窓に腰掛けて「コケコッコー」と叫ぶことだった。いつまで？そいつがマスかいて抜けるまで。

**ウンコ**

新聞紙の上でウンコしろと言われた。それを見ながらマスかくからと。

**芸能人**

芸能人もただの客だ。あまりにも有名すぎてバラすまでもない。あんなに顔バレしていても気にもとめずに店に来て、飼い犬みたいに私になついてきた。

## ヘンタイにもいろいろいるけれど、結局はみんな同じ穴のムジナだ。

ときには女性を同伴する男性客もいる。通常、女性客は受け入れない。ところがある日、中年男女ふたり連れの客が来た。男が 2 次に行こうとしたところ、女も一緒に行って 2 次をするところを見たいと言ったそうだ。そのふたり連れは夫婦だった。

人は誰も人となりが異なるように、客もそれぞれ違う。だが揃いも揃って同じなのは、私たちのことを人間と思っていないところだ。

客に殴られて血の出るほどのケガをしても、客は喜んで笑う。父親くらいの年齢の客が私のことを「娘」と呼びながら「お遊び」気分で指で激しくいたぶり、産婦人科で治療を受けたこともある。殴り返せば殴った分だけ殴られる。カミソリで顔を切られても何ひとつ言えず、ただやられっぱなしだった。

性売買店で私は人間ではない。相手をした客には警察官、判事、医師、教師など実にさまざまな職種の人がいた。家族どうしでも来る。義理の兄弟どうし、実の兄弟、親子なんてのも来る。父親だとかいって息子を連れてきてあれこれ教えている。私のカラダを実験台にして「おっぱいも触ってみろ」とか、あれもやってみろ、これもやってみろと指図する。父親なるほうが私に「ショーはやらないのか」と言い、「せがれを楽しませてやってくれ、せがれが喜ばなけりゃ今日の酒代は無しだぞ」と脅す。

そういうことが性売買の現場では日常なのだ。■

## 息子が満足すれば カネを払ってやるぞ

# タバンで売るもの

初めてタバンで働いたのは、10 代で家出した私に月給 150 万ウォンを払うと言われたからだった。当時、150 万ウォンは私にとってかなりの大金だった。

タバンによって違いはあるだろうが、チケット営業をする店のシステムは似ているはずだ。私の働いていた店は飲み屋や旅館への出前が多かった。つまりお酒を飲んだり性売買したりすることが多い場所だった。飲み屋に出前に行くと、客にチケットを買ってやると言われて一緒に飲まされる。そのうち時間になったから帰ると言うと、すでに酔っ払った客や気分を害した客はチケット代を払わなかったりツケにしろと言ったりする。それで受け取れなかったチケット代は、未収金として私の借金になる。旅館に出前に行ったとき客に「一発やろう」と言われた。断るといきなりレイプされた。そういうことはたびたび起きる。つまりコーヒー代 1500 ウォンで性売買に見せかけてレイプができる、そういうところなのだ。初めてそんな目に遭ったとき店主に訴えた。すると店主は、私がレイプされたとウソをついてカネをせしめようとしているんだろうと腹を立てた。

# #性売買と性暴力のボーダーライン

タバンとは、絶対におカネを稼げない構造なのだ。客がいようといまいと時間で金額が決まっていて、じっとしているだけでも時間単位で借金が増えていく。同じように客がツケにしたいと言うとそれがすべて私の借金になるが、チケットだけでなく出前に行ってコーヒー代を受け取れない場合もよくある。仕事を休んだら欠勤ペナルティが、遅刻をすれば遅刻ペナルティが、借金として積もっていく。半休を取っても１日分として計算されて借金が増えるので、どうせならまる１日休むほうがましだ。それにチケットで呼ばれて夜12時過ぎに帰ったら、外泊だといってチケット代の３倍くらい借金に上乗せされたこともある。その翌日は遅刻ペナルティの名目でさらに借金を計上された。当番を決めて女性たちに店の掃除をさせるのだが、それも守れないとペナルティを徴収された。

タバンで働きはじめたときは借金がなかったのに、おカネを稼ぐどころか時間がたつほどに借金は増えていった。前払金が発生すると、次々と条件の悪いタバンへとあちこち売られて移動した。４年間、月給を１銭ももらえずに働かされたが、そのあいだに私の借金はペナルティとツケで2000万ウォンになっていた。

他の業種にもさまざまなペナルティはあるだろうが、タバンでは私のカラダは店主にとって、ただ時間当たりいくらというカネだ。店主は私が店のホールで働いていることさえ嫌がった。外に出かければ、客が支払おうが私の借金になろうが、時間がカネとして計上されるからだ。朝８時か９時に出勤して深夜１時か２時まで、むちゃくちゃな時間当たりのノルマに規則、コーヒーの出前に行けば若いやつも年寄りもなんとかタダでボディタッチしよう、やらせてもらおうとそればっかり、セクハラは当たり前、レイプしてもコーヒー代を払えばいい、チケット代を払えばいいと思って平気でレイプするやつらまで。あらゆる非常識が常識になる世界だ。

性売買の現場とは、そういうところだ。■

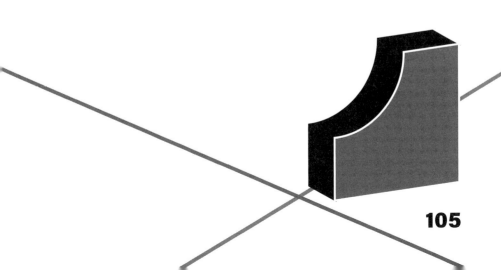

性売買から足を洗って数年たった今でも、夜ごと悪夢を見る。夢の中で私は性売買をして客を取り、その客がいきなり巨大な悪魔に変わって覆いかぶさってくる。今でもバスに乗ったとき男性の隣には座れない。過去から逃れられないまま、1日1日を生き延びている。

それでいながら考える。16歳だった私が求人広告を見て電話したとき、会いにきた店主がステキな服を買ってくれず、こづかいをくれなかったら、私は性売買に手を染めなかったのだろうか。クソ客に出くわしたとき、マダムが代わりに客をあしらってくれなかったら、そのときにでも辞めていただろうか。私を他の店に売り飛ばすためにマナーのいい客になりすまして慰めてくれたあの男がいなかったなら、もっと早く離脱できていたのだろうか。

客をどんどん取れば借金を早く返せるといって私にダイエット薬を飲ませ、美容外科に連れていき、売れない理由を訊いてみようといって巫堂[*25](ムダン)のところに連れていき、口寄せをしてもらった店主がいなかったなら、どうだったろうか。私は今よりマシな人生を生きているだろうか。

今の私はそんなふうに過去のできごとを思い出し、その思いが次々と連なって毎夜まんじりともできない。

# あの男がいなかったならば、あのときああしていなかったならば。

自分の経験について繰り返し語りつづけても、私はあの闇の中から抜け出せずにいる。平凡であっても懸命にみずからの人生を歩む女性たちの姿を見ると、羨ましくてたまらない。あの人たちにもそれぞれに痛みや苦しみがあるのだろうが、その前で私はただ身を縮こめるばかりだ。

「性売買をしていて、山に連れていかれてレイプされたことのない女性はいない」ということばを、リアルに想像できる者などいるのだろうか。

客からボコボコに殴られた経験のない女性が、はたしてどれだけいるのだろうか。

みんなに知ってもらいたい。私たちの声を曲げることなくありのままに伝えたい。今も私を苦しめるこの経験は、恥じるべきことではないのだと理解している。私を売り買いした者たち、私を利用して欲望を満たそうとしていた者たち、性売買の現場に見て見ぬふりをしていた者たち、私の経験を歪曲して聞こうとする者たちに、恥という爪痕を刻みたい。そして私と同じ目に誰かが、否、誰も遭いませんように、心からそう願う。■

性売買の店で学んだものは何か。「酒 3 種」〔*5参照〕ではろうそくショー、生卵ショー、栓抜き（オープナー）ショー、コインショー[*26]などのやり方を学ぶ。ルームサロンではマダムから「礼節」を叩きこまれ、ソープランドでは同僚の女性たちから「洗体プレイ」を学ぶ。その他のことはじかに教えてくれる人がいないから、見よう見まねで身に着けなければならない。技を盗むことにかけては免許皆伝！

性売買の「仕事」とはいえ性売買ばかりやっているわけではない。私は準備のしかたも自分で身に着けた。ひとりの客を担当し、終わったらシャワーを浴びてメイクを直し、髪もセットしなおす。ソープランドでは毎日知らない十数人の男の体を洗った。客を 10 人取ると性感マッサージは 60 回だ。安物のオイルの 3 分の 1 が私の口に入る。そんなことをしていると舌は荒れ、手首は炎症を起こし、顎は外れそうになり、腰はガタガタになる。

そういう「仕事」がはたして、いい仕事なのか。私たちのしていたことは、性売買という「仕事」ではなく、自分のカラダを売る権利が自分にはないことを思い知らされる、それだけだった。24 時間稼動しつづける「仕事」は、けっして自分では中止できない。客足が途絶えてはじめて、つかのま一息つくことができる。■

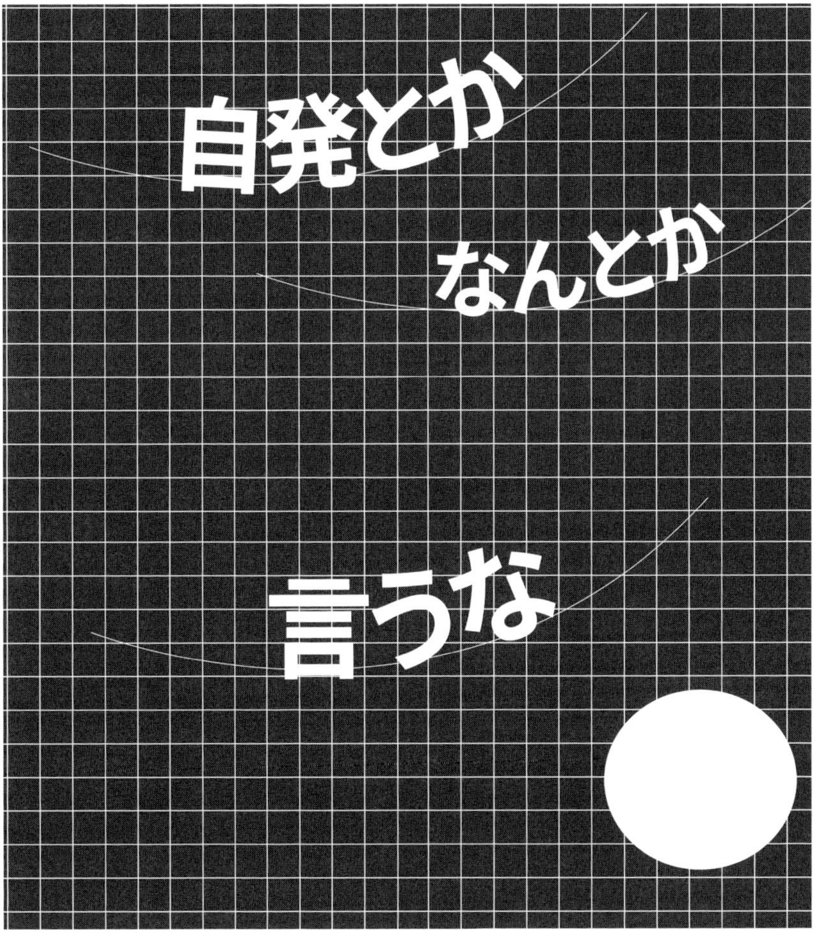

タバンで働いていた頃のある日のこと。出勤するとすぐに店がバタバタしだした。近隣の町内で働くオンニがケガしたそうだ。手の指 10 本すべて骨折して肉もえぐれてしまったという。

事件のいきさつはこうだ。店にオーダーが来たので出前に行ったところ、4、5 人の男が寄ってたかって触ってきたり迷惑行為を繰り返すので、女性が「客」のひとりに「ねえ、前にもこういうことしたんですって？」と言った。他の客は笑って聞いていたが、その客だけは顔を真っ赤にした。そこの仕事を終えて店に戻り、他の出前をこなしていたが、夜になってあるホテルから出前の指名が入った。行ってみると部屋には人影がなく、「お客さん、出前に来ましたよ」と声をかけると、ドアの横のトイレに隠れていた例の昼間の「客」がコンクリートブロックで後頭部を何度も殴りつけてきたという。それを防ごうと両手で頭をかばったので、ブロックで打たれた指がことごとく砕けてしまったのだ。

その話を聞いた夜、事件のあったモーテルに出前に行った。ドライバーに客の顔を確認してほしいと頼んだ。顔見知りの客だということを確認してからようやく部屋に入った。それでも、いつまでも恐ろしかった。部屋に客とふたりきりだということに鳥肌が立った。いつ死んでもおかしくないわけで、運よく今はまだ生きている。

生きているから
語ることができる。
語りたい。■

本当に必死に働いた。本当に必死にカラダを売ったという表現のほうが正しいだろう。日に10人以上の男にカラダを売った。

仕事を始めて1か月たった頃、店主に呼ばれてカネについて確認させられた。私がこの集結地に来るにあたって、前に働いていたタバンの店主に払った私の前払金2400万ウォン、タバンから集結地に移るよう周旋してくれた紹介屋に払った1000万ウォン、それに私が客を取る部屋のリフォームにかかった費用400万ウォンの計3800万ウォンが私の前払金になった。

1か月間に私の稼いだ総収入が1000万ウォンくらいだった。うち店主の取り分50パーセントと「玄関の叔母さん[*27]」の10パーセントが差し引かれ、共益費10万ウォン、客のために用意する靴下、下着、歯ブラシ、飲み物、タバコ、カミソリ、コンドーム、ジェル、整髪料、男性化粧品、ティッシュ、AVビデオなどのサービス用品と客の朝食代などで合わせて100～150万ウォンほどが徴収される。さらに掃除代、クリーニング代、営業代、それに私を商品に仕立てるためにかかる費用まで加えると300万ウォンをゆうに超える。店主の計算方法で差し引きを終えると、私の手取りは1000万ウォンのうち200万にも満たない。

体調が悪くて平日に休ませてもらうには 20 ～ 30 万ウォンのペナルティがあり、週末に休みたいと言うと店主はその日の最高売り上げを達成した女性の売上高をペナルティの額にした。ヘタに休むとペナルティだけで 100 万ウォン以上になる。私は「仕事」をしながらも、自分でおカネを手にしたことがない。ただ店主の帳簿上でカネが動いているだけだった。店主が「〇〇ウォン返済したから、あと〇〇ウォンだ」と言えば、ああそうなんだと受け止めるしかなかった。

「学がなくてもカネがなくても、身ひとつで大企業の幹部級以上の儲けになる」と店主はいう。けれど実際にカネを儲ける人は、

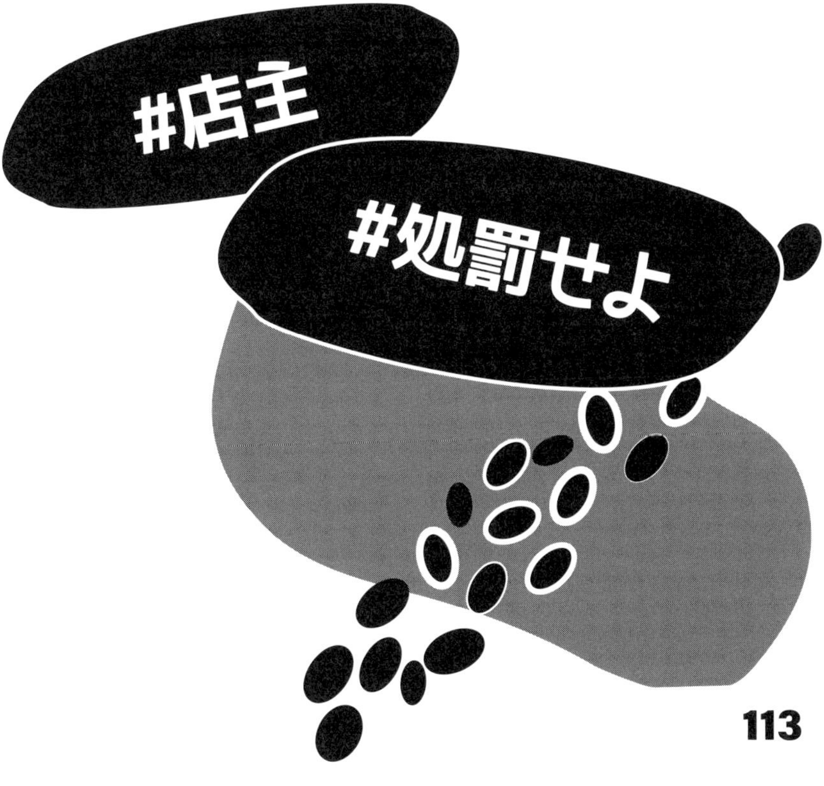

○○島の港のタバン。午後1時に出勤して午前4時に営業が終了する。けれど午前4時に営業が終わっても私たちは眠ることができない。5時くらいから漁船が入港しはじめ、その船を私たちが掃除しなければならないからだ。船1隻を掃除して手間賃は5万ウォン、通常4隻ほど掃除する。それで20万ウォン。そのカネは店主の懐に入る。掃除を終えると結局は寝る間もないまま出勤した。ときおり船の掃除をしてから気絶するように眠りに落ちたとしても、店主はけっして起こさなかった。寝ているあいだ時間当たりいくらと借金に上乗せできるからだ。

たまに体調がすぐれずタバンの仕事に出られなくても、船の掃除には行かなければならない。タバンの主要な客である漁船員たちへのサービスだ。もし船の掃除に行けなければ、20万ウォンを自腹で支払わなければならなかった。ありえないようなやり方で店主が借金のもとを作り、船長がそれに乗じて利用した。ある船長は「店主には掃除したと言ってやるから、一発やろうぜ」と言った。島に上陸すると家族がいるから、上陸前に船でちょっとやろうというのだ。腐ったやつら、否、それ以上のやつらだ。

他にもとんでもないような目に遭ったけれど、船の掃除については特に何度も考える。あのとき、なぜ一言も言い返せず、ただ言いなりで従ったのだろうか。どうしてあいつらにそんなことができたのだろう。見くびっていい、後腐れのない、島という閉鎖的な空間でいくらでも監視可能な存在。しかも借金というワナに囚われている私たちだからこそ、そんなことができたのだろう。■

私の経験したことは、どう表現すればいいのだろうか。

タバンに入って数か月たった頃、店主がもっと商売のやりやすいところへ行って業種も変えようかと思うと言った。座布団屋をやるつもりとのことだった。急な話に、一緒に「仕事」をしていた女性たちの意見はまちまちだったと記憶している。何日も話し合い、決めかねているのは私だけという空気だった。ためらっていた理由がいくつかあった。

まず、若い頃からの知り合いとみんな一緒に裸になって飲んだりサービスしたりする座布団屋というシステムが、まるで想像できなかった。次に、若い頃見た集結地の女性たちのことを思い出した。みなスタイルがよくてきれいだった。私は違う。借金を返せないと思った。最後の理由は怖いからだった。タバン、手引き屋、飲み屋を渡り歩いてきた私が、座布団屋の赤いライトの下にいることなど想像できなかった。

だから私は行かないと告げ、仲間たちを説得しようとした。けれどその思いと裏腹に、私のカラダはすでに座布団屋の入口にあった。店主が集結地の女性たちに会わせてやると言った。少しぽっちゃりした女性を指さして、「おまえのほうがよっぽどきれいだし、スタイルだってあの子よりいい。あんな子だってやってるんだから、おまえにできないわけないだろ」と言って、気の進まない私を説得した。仲間たちと離れ離れになり、ひとりぼっちでどことも知れない場所に行くのが怖かった私は、結局一緒に「仕事」をすることになった。

前に働いていた女性たちのドレスではサイズが合わなかったから自前のドレスで働き、客が来ると仲間と一緒にひとつの部屋に入って裸になり、ビールで客の性器を洗い、サービスをした。酒を捨てることがバレないようにおだてて話させる方法を学んだ。

## ひとりぼっちは イヤだから

酔いつぶれる仲間を見ていてしんどかった。15歳で出会い、家出を経験し、お互いの家庭の事情、恋愛のこと、友だちについてなど、すべてを知り尽くしている私たちだった。いったいなぜ私たちがこんなところでこんなことをしていなければならないのか、理解できなかった。精神的につらかった。

心持ちも表情もよかろうはずのない私の「売れ行き」はパッとしなかった。店主は私に「小マダム〔チーママ〕」の仕事をしろと言った。私が辞めたら仲間も辞めかねないと思ってそう命じたのだろう。月給150万ウォン出すと言った。小マダムの仕事は、他の女性より早く出勤してビール瓶のホコリを拭いて冷蔵庫に入れ、つまみとして出すフルーツを準備し、客が来たらひと部屋ずつ回ってご機嫌を取り、酒を飲み、「チョイス[*28]」を仕切り、金額の交渉をし、女性を割り当て、女性たちに代わって街頭で客引きをし、2階に上がって2次の終わる時間になったらドアをノックして知らせ、女性が出払っているときや私を指名する客がいるときはその客と部屋に行き、2次の相手もし、客にロングを要求されればロングの相手もし……。

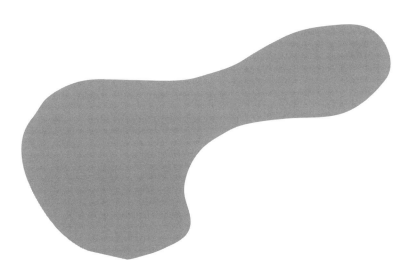

結局、私は性売買、マダム、ウェイトレスの役目をすべてこなした。「仕事」だからやれることだが、精神的にはひどくきつかった。オンニが店主に隠れて冷水ラーメン[*29]を食べてお目玉を喰らっているところを見るのも、休日に自室で寝ているとき隣の部屋から聞こえてくるうめき声も、無理に飲まされて酒に酔いつぶれる仲間の姿も、個室でサービスをしている仲間のことを見て見ぬふりするのも、2次の真っ最中に部屋のドアをノックするのも、仲間が客にひどい扱いをされているのを見るのも、客に性病を移されて店主の前で脚を開いて横たわってアソコに殺虫剤を吹きつけられていたオンニが私を見てきまり悪そうに笑うのも、たまらなかった。私はとうとうスリッパ履きのまま逃げ出した。

逃げ出す前に仲間たちやオンニたちにどうすればいいのか尋ねてみた。みな逃げ出せと言った。あの店で知り合ったあるオンニは毎日泣き暮らし、アソコが炎症を起こしてほぼ毎日私が付き添って病院に通っていた。客にひどいことをされると店を飛び出して近所のどこかに身をひそめ、しばらくして戻るとまた仕事をし、また逃げてはやがて戻って働く、そんなオンニだった。身も心も弱りきっていたそのオンニと一緒に逃げ出したかった。

「ねえ、一緒に逃げようよ。私たち一緒に行こうよ、オンニ」

私のことばに悩んでいる様子だったが、ついてはこなかった。

「自分の借金は自分で返さなきゃ。元気でね。落ち着いたら連絡してね。元気でやってるか知らせてちょうだい」

そのオンニや仲間たちを残して裏口からそっと出てタクシーに乗り、バスに乗り換え、さらにタクシーに乗ってまた乗り継いで……。途中で捕まるのではないかと不安だったが、必死に逃げた。

**逃げて。**

**落ち着いたら連絡してね。**

私があそこを離れてからいつしか 9 年がたち、オンニはあそこでもう 10 年目だ。オンニはまだあそこにおり、あの場所は撤去を控えている。2 か月前に会ったオンニは今なおすさんでいなかった。繰り返し離脱するよう勧める私に向かって、オンニは笑った。答える代わりに他の人を逃がすためのやり方を私にあれこれ尋ねた。もしオンニがこの文を読んでいるなら、ぜひ昼間カフェで会って一緒にコーヒーを飲みたいし、月曜日なら早く退勤時間がこないかななどとメッセンジャーアプリでやり取りし、金曜日なら仕事終わりに会う約束をし、そうやってすごしたいんだと伝えたい。

一緒にいた仲間のひとりは結婚して 2 児の母になり、別のふたりは 2 年前に足を洗って今は他の人たち同様に仕事に追われ会社帰りに 1 杯飲み、その際には過去の話を肴にすることもある。別のひとりは店主に密かに飲まされたのをきっかけに 2 年前から麻薬に手を染め、現在は刑務所に服役中だ。毎日のように店主が面会に訪れ、弁護士も立ててくれたという。廃人のようになってしまった仲間の姿を見て、私にできることは何なのか考えている。

私は今も終わらない自分自身の性売買の経験を再解釈するプロセスを、当事者たちとともに歩んでいる。今なお悩んでいる。なぜ私たちはあそこにいたのか、なぜ私たちはあんなことをしなければならなかったのか。私たちに選択しうることには何があったのか。そもそもそんな選択肢があったのか。さまざまな経験が今なお記憶に鮮やかであり、また今も誰かが私の過去を現在形として生きている。

## #当事者経験の再解釈

性売買の現場にいる女性たちの今も変わらない状況。そしてその果てがどうなるのか誰にもわからない。どうして世間には「セックスワーク」などという言い方のできる人々がいるのか理解できない。本当に残忍だと思う。当事者による語りは、どのような根拠を持ち、どのような環境で書いているのかも重要だろうが、それぞれのやり方での発話が保障されなければならない。私たちは性売買経験当事者すべてを代表しているわけではない。ただ、私たちの経験を広く知ってもらいたいし、現場に変わってもらいたい。■

脱性売買後、私はシェルターですごした。シェルターでの生活に適応するのはかなりたいへんだった。ひどくおカネに困ったこともあったが、そのたびにまるでそんな事情を察したかのように、同じ店で働いていた後輩たちから連絡があった。ずいぶん心揺さぶられた。離脱すればもっといろいろと変わるだろうと思っていたが、そうではなかった。また戻ろうかと何度も思った。

自活プログラムに参加して収入を得たし、いろいろと学べるものもたくさんあったが、外の社会で生きていくのはしんどかった。借金もあり、扶養すべき家族も子どももいた。手元に残るのはせいぜい交通費とタバコ代くらいだった。

けれど何かを学び、資格を取得し、私も平凡な一市民のように暮らせることを経験するなかで、揺れていた思いはしだいに落ち着いていった。ひとつ、ふたつとやりたいこともできて、将来を見すえることのできる機会を、足がかりを得た。

脱性売買後は、朝になったら出勤して夕方に退勤し、人々でごった返す地下鉄に乗った。遠距離の移動は疲れるが、バスにも地下鉄にも乗れるということが……店にいたときは夜に出勤して日が昇ってからタクシーで帰宅した。いまやバスや地下鉄に乗っている自分は平凡な一市民になったんだと思う。

うれしかった。■

座談会● 2

# 無限発話

## 当事者が語るということ

性売買斡旋業者たちは、私の行動のみならず感情までコントロールした。泣くな、腹を立てるな、食べろ、食べるな、入ってこい、出ていけ、寝ろ、寝るな……。店主らのしぐさや口ぶりひとつでシュンとなり、顔色をうかがってばかりだった。性売買の世界に足を踏み入れた瞬間から、私はそんな人間になった。思う存分口に入れることができたのはたった二つ、ダイエット薬と酒だけだった。あそこで、私たちはいつも罵りや侮辱をうんざりするほど浴びせられていた。

空腹のあまりトイレでこっそり食事したという話を、今ではムンチの仲間たちと笑いながら交わしている。けれど性売買に追い込まれた女性の弱みにつけこんで、私たちをデクのぼうのようにしてしまったやつらのことを思うと、今なおこの胸は憤りのあまり激しくかき乱される。

## 自分を守るために搾取に慣らされる

ウジュ　最初はどんな理由で性売買を始め、その後はどんなふうにして耐えながら暮らしていけたのか、お話しください。

イロ　私は彼氏に売られて行ってみたら赤いネオンの集結地だったから、これが性売買をするところなんだなってわかった。行く前は300万ウォン稼げると聞いてヘンだと思ったけど、そんなところとは知りませんでした。私、家でも学校でもいつも叱られてばかりの子でした。いつも叩かれて、どこか足りなくて、追い出されて。でもあそこに行ったら若くてきれいだって言ってもらえて、最初は家よりずっとよかった。なかにはホントにヘンな客もいたけれど、「おまえは顔もきれいだし、スタイルもいいし、全部いい」って言ってくれるから、自分に価値があるって感じられた。性売買の行為はいつもすごくしんどくてイヤだったけど、「おまえのおかげで商売がうまくいってる」って優遇してくれるのがすごく嬉しかった。

セイル　4年くらい働いた頃は、これ以外に自分にできることはないと思ってました。学校は卒業したいって漠然と思ってたけど、外の世界への夢はただそれだけだったし、だんだん「ここでこうやって暮らして死んでいくんだろうな」って感じで、他の可能性は諦めるようになるわけよ。店主が冗談めかしていずれ店を持たせてやるって言うから、それが夢になって。毎日つらい思いをしながらこんなことしてるのはしんどいけど、いつかは店主みたいにアガシを管理して店を仕切って金儲けしてやるって考えていたのよね。

イロ　セイルと同じで、性売買の店に入ったばかりの頃は、どうせ家でも殴られるし、外に出ても寝泊まりするところがなくて、どこかに引きずり込まれてレイプされるんだから、むしろこっちのほうがおカネも稼げるし安全だと思ってた。だけど1年くらいたって18歳になったら年寄り扱いされちゃって。誰彼かまわず客を取らされて、もうかわいがってもらえず、文字どおりモノ同然の扱いで、客に殴られても私のせいにされて。だけど逃げ出せないからただ諦めて暮らしてました。

セイル　「セックスワーク」が本当に労働として認められる仕事だといえるためには、1年働けば技術が身について待遇もアップすべきなのに、1年たってみたら稼ぎも前より悪いし待遇も悪くなってるでしょ。

イド　長くいるほど、かえってお局(つぼね)扱い、クソ客処理係になるのよ。

タンダン　私も商品価値があった最初の頃は、移動周期が短かった。あちこちで引き抜こうとするからね。でもその時期が過ぎると、受け入れてくれるだけでもありがたいと思えよって言われる。最後に移ったところに5年いました。性売買防止法ができて反対デモが始まったのに合わせて辞めたんだけど、それまであそこにいたのは、あそこが気に入ってたからじゃなくて、店を移ってもどんどん待遇が悪くなるだろうって思ったからでした。

イロ　一度足を踏み入れた後でも、いつでも違う選択ができるはずって世間では思ってるようだけど、あの暮らしの中では、この店にもっといるべきか、他の店に移るべきかっていう選択がどこまでも続くだけ。そういう選択さえもできなかった場合のほうが多かったけどね。

オリ　店を移るか残るかについて選択できるのも、最初のうちのごくわずかな時期だけよね。そのうちに誰かに選んでもらえますように、運よく「いい店」に移れますようにって願いがすべてになる。

セイル　性売買をするようになると、頭がよかろうが悪かろうが関係ないって気がする。22 歳のときに巫堂(ムダン)〔2 章＊ 25 参照〕の女にだまされて 7 年間も利用されてたっていう女性がいました。だけど警察はまるでわかってくれなかった。なんで利用されっぱなしなんてことがあるのかってことをね。社会生活を送ったことがないわけでもなし、自分で判断できるはずなのに、買春者の通報でそこを抜け出すまで、毎回テレクラから回される電話を受けて自分から出向いて性売買をしていたのよ。抱主[＊30]の役割を果たしていたその巫堂の一家は、その子がやせすぎだからといってラードを食べさせ、悪い霊に憑りつかれたといって殴り、借金を負わせてはその額を吊り上げ、その借金を返すんだといって臓器売買まで企てて連れ歩きさえした。そんな異常な目に遭わされるなんてどこか障がいがあるんじゃないかって思うでしょう。だけどごく普通の子なんだよ。じゃあ、どうしてそんなことになった？　マインド・コントロールされてたのよ。私たちがそうだったように。それがいちばんおぞましいことでしょ。

イロ　私もそんなだった気がします。はじめ入ったときはまだ若くて商品価値があるから大丈夫だと思ったけど、1 年、2 年とたつうちに借金を返したりおカネを稼いだりするために店主の言いなりにならなければいけなかった。とにかく生き残るためには、あの人たちのいう「ヤバい島」に売り飛ばされないためには、あの人たちに頼るしかない状況だったのよ。時間がたつほど、あの場所のやり方に慣らされていったんだよ。

## より「売れる」ために学び身につけること

タンダン　わたしが17、18歳の頃、同じ店にいた子たちはみんな初心者だったんです。ビール瓶の栓も抜けないし、「初見世[*31]」のやり方もわからないし。だから最初は店主が他の店に「研修」に行かせてました。他の店のオンニたちの演じるストリップショーみたいなのを学んでこいって。

セイル　店ごとに特色が必要なのよね。それに女性が5人なら5人、それぞれ違うショーをしなくちゃならない。ジャンルが似ていてもダメだし、歌も違うし曲の尺に合わせてピタリとショーが終わらなきゃダメなのよ。前から店にいるオンニに教えてもらうんです。それに1か月か2か月したらまた新しい内容に変えないと。前に来たことある客から見飽きたって言われないように、血のにじむような練習をしなくちゃいけない。

タンダン　毎日出勤したら新曲をかけて夜のストリップショーの振り付けを考えて。

セイル　20歳のある女性は少女の頃からやっていたから、ショーは何でもできた。オープンショーみたいなのをやるときは、それを見て私たちも拍手して。そういうショーをする時って、こっちの目的はお酒を消費することでしょう。店の売り上げを伸ばさなきゃいけないからね。5本分のビールを全身に浴びてろうそくの蝋を垂らす、そういうのを練習する。その女性がある日、コインショーを見せてあげるって言うのよ。見て覚えてねっていうんだけど、コインを膣に入れて、客が「5 枚」って言えばピッタリ 5 枚出す。そうやって客を呼び込むわけよ。この女性が店でいちばん若くてかわいい子に生卵ショーを教えてあげたんだけど、客が「コケコッコー」って言ったらアソコから卵が出てくるっていうショーね。先生をまねてひとりずつ順番に卵、コイン、ろうそく、ヤクルトで試したんだけど、ある子が卵を入れて力んだら中で割れちゃった。病院に運ばれたけど殻の破片でケガしたのが治るまですごい痛かったって。なのに 1 週間くらい休んだら仕事に復帰させられてた。ショーが得意だったその女性も全身やけどだらけだった。飲み屋で長く働いてると酒量もわからないほどお酒を飲むから、自分がどれくらい飲んだか感覚がなくなる。だからアルコール依存症になりやすいんだけど、その女性はたくさん飲むと意識がもうろうとして、お酒を吹きかけた肌に客がタバコの火を押し当てて消したり、ろうそくを垂らしたりするから、体じゅう傷だらけになるのよ。

イロ　私も生卵ショーをやって死にそうな目に遭った。卵が出てこなくて。サラダ油を 1 本まるまる使ってなんとか取り出せたけどね。買春者たちはそれが精力剤だとかいって喜ぶのよね。店でそういうショーをいろいろやってた時期があったな。コンドームをふくらませたのを的にして針を投げて当てたり、筆をアソコに差して字を書いたり。

イド　サーカスでもないくせに雑技団か何かみたいに。

イロ　もともと、ろうそくショー、渓谷酒[*32]、生卵ショー、ヤクルトショーみたいなのをやってなかった店も、客寄せのために少しずつやらせるようになったよね。ストリップショーや初見世をするのは基本で、これこれのショーもやるから来てねって宣伝して。

イド　ある女性は、マダムに〔生理のとき〕綿を入れてやれって言われてやったら綿が出てこなくなったって言ってた。そしたら1日待ってみろって言われて、出てくるかもしれないからって。でも何日たっても出てこなくて、お腹が痛くなって病院に行ったら、中で綿が腐ってたんだって。

## おびただしい薬物と暴力と死

イロ　今も女性たちに会ったときどんなことを感じるかっていうと、体もしんどいけど精神的に苦しんでいる女性に会ったりすると、よくまあ私も持ちこたえたなって思うし、ホント、自分をほめてあげたくなる。よくぞ耐え抜いたって。

タンダン　最近は私もそう思います。あそこに10何年かいたんだけど、死にたいと思った無数の瞬間を乗り越えて、よくおかしくならずに生き延びたなあって、つくづくそう思う。

イド　働いていた頃、旅館の部屋を月ぎめで借りて暮らしてて、死のうと思って睡眠導入剤を飲んだことがありました。ひとつの薬局では10錠以上は売ってくれないから､いくつもの薬局を回って買って飲んだけど、目が覚めたら2日たってました。そのとき「まだ死ぬ運命じゃないんだ」って肝が坐りました。

タンダン　私は頭痛薬を飲んだ。チケットタバンにいるときだったけど、客がチケット代をくれないのよ。おカネを取りっぱぐれたままで店に戻る気になれなかった。その地区には薬局が3軒しかなくて、10錠ずつ買ったら1錠ずつオマケをくれたから、その33錠をお酒と一緒に一気に飲み干したわけ。なのに眠くならないからもっと買おうと思って起き上がったら、地面がガーッと立ち上がって目の前を蝶々が飛び回って。そのとき一緒に働いていたオンニに電話して、私もう死ぬの、お母さんにも会いたいしお父さんにも会いたい、ってまくしたてたんだって。たぶん未練があったんでしょうね。そのオンニが店主に伝えて、店主がやってきて薬を吐かせて。さんざん怒鳴られました。借金返してから死ねって。

イロ　ある店に長くいた女性がいるんだけど、客が救助要請をしたんだって。それで店から連れ出したのはいいけど、本人は何歳から働いていたのかもわからないし、いつからその店にいたのかもわからない。ずっと店の奥の部屋にいて、店主がそこに買春者を連れてくると相手をして、っていうふうに過ごしてた。精神科で検査したら、医者が言うには、小学校も卒業していないから社会性が不足しているだけで、障がいがあるわけじゃないって。ホント恐ろしい。ちゃんと生きていく能力のある普通の人間を、少女の頃からあんなところで孤立させて、あんなふうにしちゃったわけでしょう。

タンダン　夜尿症の女性もいたし、夜寝てるときスタンドの灯りを何度も点けたり消したり繰り返す女性もいたし。知的障がいでもないし記憶喪失でもないのに、ハングルを忘れちゃった女性もいる。

セイル　働いていた頃、本当にアブナイ感じの女性もずいぶんいました。紹介業者も押しつけるように送ってよこすタイプの女性たちね。傷跡があったり、しょっちゅうおかしなことするから一緒にいるのも怖い女性がいたんだけど、ほんの子どものころから長いこと紹介屋と一緒に歩き回っててあんなふうになったみたいで、紹介屋が父親でもあり恋人でもありすべてだったのよ､その女性にとっては。聡明な女性もホントに多かったけど、そういう女性でもアルコール依存症はマジ多かった。それからダイエット薬のせいで急性の統合失調症みたいな症状が現れた人もいます。そういうのを研究したいって思うこともある。性売買の現場で、どんな要因がそういう症状を引き起こすのかってね。肉体的な症状はいうまでもないし。私も病院に運ばれたことあります。買春者と一緒にいたんだけどお腹がすごく痛くなって気絶しちゃった。

イロ　骨盤腹膜炎は一度かかると何度も再発するでしょう。そのうえ仕事を続けなけりゃならないし。

イド　私もお腹がすごく痛くて子宮がもげちゃうかと思って救急外来に行った。炎症がひどくて腸が一方にかたよっているって医者に言われました。それでマダムに電話したらバカなこと言ってないで早く帰って仕事しろって。

セイル　それでも入院中は欠勤ペナルティを課されなくて、店主にすごく感謝しました。他の女性たちは自殺未遂で病院に運ばれたのに面倒見てもらえなかったのに、私は大目に見てもらえて、それがありがたくてもっと頑張って働かなくちゃって思いました。

イロ　集結地にいるとき、ふつう 1 日に客が 10 人くらい来るから、朝にはアソコが耐えられなくなるでしょ。朝、店が閉まると管理係のオンニにパンツを脱いで横になれって言われる。それで塗り薬と粉薬みたいなのを塗ってくれるのよ。それから注射の叔母さんが各店を回って打ってくれる注射をおとなしく打ってもらって。性病の一種でアソコにイボができる尖圭（せんけい）コンジローマにかかった女性がいたんだけど、病院にも行かせてもらえなくて、火で焼いた糸切りばさみで切り取った。どんな病気になったって自己責任よ。みんな買春者からうつされたのに。

タンダン　一度性病にかかると、そのことですっかりノイローゼになるんだから。

イロ　今もノイローゼみたいな感じ。あの頃は信じられないようなやり方がノウハウか何かみたいに受け継がれてたのよ。

タンダン　マジでせつなかったのは、店を移ったとき店主に上から下までジロジロ見られて、「おい、おまえはまずは絶食だな」って言われたこと。で、自分たちはおいしそうに食事してるのに、私はその横でごはん１杯とキュウリ１本だけ。あとですごくお腹が減ってこっそりごはん食べてたら罵詈雑言の嵐。

オリ　実際に太ろうが太るまいが、ダイエット薬はいつも持ち歩くようになる。しょっちゅう太ったって、文句言われるから。

イロ　長いこと性売買をしていると、自分の身に何が起きているのか気づかないまま過ごすようになるのよ。今でも、「私はこんな目に遭いました」って語る必要があるのは、その搾取について自分でもきちんと知り、みんなにも知らせなきゃならないから。性売買をしていた頃、世間から白い目で見られながら生きていたことも、自分のことを汚れてるって思ってたことも、殴られ、おカネを巻き上げられ、人間として耐えがたい時間を送ってたことも、みんな実際に起きたことだし、ずっと存在しつづける搾取なのよ。それに必ずしも性売買の現場で起きていることだけが搾取ではないと伝えたい。私たちの話を聞いて、こともなげに「自己責任だよね」って言う人たちも、私たちを搾取しているんだと思います。世間の人たちには想像もつかないようなさまざまなことが、今も、そしてこれからも起きるんです。「性売買を禁止するから、罪のない女性や子どもたちが性暴力の被害に遭う」なんて平気で言う人もいるよね。性売買をしていた私だって罪のない女性なのよ。親から殴られながら成長したりしなかったなら、帰り道にレイプされたりしなかったら、社会が私を保護してくれていたなら、私も世間の言う罪のない女性だったはずよ。勝手な思い込みで、「性売買をする女」と「ふつうの女」がいるなんて想像しないでほしい。

## 警察と抱主

ウジュ　性売買防止法ってあるけれど、法律の限界がずいぶんあります。女性を処罰する規定があるからかえって社会的スティグマが強固になる面があるのは事実だし、それに一部の人たちは「性売買」そのものの問題より、女性への処罰が女性をいっそう困らせているとも主張しています。性売買の現場で、摘発や処罰がどれほど女性を弱い立場に追い込んでいますか？

セイル　未成年だった頃、店に出るようになったら、店主が警察の手入れに備えて逃げる練習もさせてました。あるとき店主が試しに手入れのマネ事をしたんだけど、本当だと思って慌ててドレスを着てガクガク震えながら必死に逃げたら、転んで大ケガをした。ふざけてやったって聞いて、ものすごく腹が立ったな。なのに実際に警察が来ても、みんなバレバレのところに適当に隠れてたら、あたりをざっと見回しただけで、「確かにいないな」なんて言って帰っちゃいました。ほとんど現金商売で店主はカネがうなってるから、時々わざと来るのよ。警察はカネさえ渡せば「この店は商売もうまくいってないな」って言って帰るし、私たちも「義理のおつきあいで」逃げるふりするだけで。

イロ　集結地にいたころ、高級車が停まって「おい！カナヅチの店はどこだ」って聞かれて、一瞬思い出せなくてわからないって答えたんだけど、隣の店の女性があそこだって教えたんです。「カナヅチ」っていうのはある店の店主のニックネームでした。その店の前で山のような大男が何人か降りると、いきなりぶち壊しはじめて大騒ぎ。翌日、その店の場所を教えてやった女性が車で連れ去られていなくなっちゃった。あのとき私が教えていたら今ごろこの場所にいなかったかもしれない。警察はそういうときは絶対に現れないし、叔父さんたちがクソ客を店から引きずり出してボコボコにしていると、パトカーが来て「お客さん、こんなところで寝ていちゃいけませんよ」って服の泥をはたいてやって、そのまま行っちゃう。で、姿が見えなくなったらまた殴るのよ。ときには山に運ばれて埋められちゃうんだって。

タンダン　そうよね。正直いって姿を消しても見つからないでしょ。探す人なんてどこにいるのよ。家出だって一度や二度のことじゃなし、って家族も探さないしね。死んでもわからないのよ。

イロ　ある朝、ボンッて音がしたから見に行ったのよ。ある店の地下室でガスパン遊びやってて、何も考えずにタバコを吸おうとしてライターをつけたから爆発したんです。そのとき問題になったのは、そのビル、窓枠がはずれたら後ろが壁だったのよ。私が18歳、その店にいた子たちは13、14歳だったかな。監禁されてるって誰かがメディアに知らせたみたい。それで撮影するって放送局からも取材にきたんだけど、ニュースにもならなかった。3人も死んだのに。店主がカネを握らせて揉み消したってみんな言ってた。

イド　そんなふうに埋もれた死がどんだけ多いんでしょうね。私が働いていたルームサロンでも、アガシがモーテルのベッドの下から死体で発見されたし、そういうことがすごくいっぱいありました。

ウジュ　摘発が厳しいのが問題なんじゃなくて、摘発を口実に店主が女性を束縛し、警察もそういう店主にお墨付きを与えるのよ。

オリ　店主が恫喝して、取り締まりで挙げられたら戸籍〔2008年廃止〕[*33]に赤線が引かれて「淪落女」だって実家に連絡が行くって言ってました。摘発されたことはないけれど、店主からいろんな話を聞かされた。

イロ　私も摘発に引っかかったことはないけど、店主がアガシたちに「俺が捕まったらおまえたちの引受人がいなくなるから、自分からやりたくてやってるって言うんだぞ」って言わせてた。アガシが挙げられたら店主が引受人になるからね。

イド　働いていたとき、店の待機室に保健所の人が来て性売買や性病についての教育を受けたことがあります。2次するのは不法なのにそんなことするんだから、店主たちってすごく力があるんだって思った。

タンダン　集結地にいるとき、警察が「女性相談」と称してやってきて、もしかして人身売買で連れてこられたんじゃないのかって訊くのよ。それで相談済証をもらわないと保険証が作れないって。戸惑うよね、今思い出してみても。

イロ　店で働いていたとき、その地区では「交番所長が 1 年以内に家を買えなきゃ間抜け」って言われてた。所轄の交番所長が通りすがりに顔を出して新入りのアガシを 3 人見かけたら、「アガシが 3 人いるな」って言うのよ。あと 3 人分カネを出せっていう意味で、「保護費」って呼んでました。

セイル　警察の取り締まりよりも怖いのは、店主たちの作る「ブラックリスト」でした。タバンから出前に行った先で写真の載った薄い冊子を見せてもらったんだけど、知り合いのオンニの写真があるのよ。個人情報が全部出てて。写真の下に名前、年齢、住所が正確に書かれてて、前払金とどこの店を渡り歩いたか、業種はタバンなのかどんな業態なのかが全部書いてある。その人たち、「裏社会のフィクサー〔原文：解決師〕」みたいなやつらだったんでしょ。他の地区からアガシを捕まえに来てたのよ。マジで怖かったな、私もそういうのに載るかもしれないんだって思ったもの。

イド　私のいたルームサロンではそれが各店に配られてて、待機室にあるリストを見たら小学校の同級生がいた。初めはホントにあの子なんだろうかって思ったけど、借金が 100 万ウォンしかなかった。逃げた子をリストに載せてたわけ。

オリ　店主が威し文句としてよく言ってたわ。店から逃げた女を捕まえてきたら、立たせといてぶん殴って、探し回るのにかかったフィクサーの費用をおっかぶせて島に売り飛ばしてやるって。そんなこと言われたら、誰が逃げようなんて思うもんですか。

タンダン　店から警察に電話しなくちゃって考えた人はひとりもいないはずです。あの頃はそれが癒着だなんて考えることさえできませんでした。警官が店主と特別に親しいとは思ってなくても、あの頃はどこの地区の警察署であれ、店主はカネを使って逃れることができるんだろうと当たり前のように思っていて、自分は店主よりもカネもコネも何も頼れるものがないから、どんな目に遭っても警察が味方になってくれるはずがないと思ってました。

セイル　店内にいても、警官が店主と気心の知れた仲だから、不安にならざるをえないよね。私がどこに行っても、店主が何もかも照会できるって思ってたし、いずれ出会う人たちもどこかで警察とつながっていて、私のこと何でも調べられるんだろうって漠然とした不安が強かったんです。

タンダン　前科があったら、〔戸籍〕謄本を取れば全部バレるって思ってました。

イロ　店主がそういうふうに話してるもんね。「おまえの記録は全部出てるんだぞ」って。だからいっそう不安が募ったのかもしれません。こっちは法律について何も知らなくて、俺たちゃ何でもわかるんだぞって、いつも凄んでたから。

タンダン　摘発で引っかかったことがあるんだけど、他の女性と買春者のケンカのとばっちりで私まで捕まったんです。その日はたまたま花まつりで、店主がお寺にお参りに行ってたんです。徳を積もうってね（笑）。連絡がつかないから、一緒に捕まったオンニと買春者と留置場で一晩明かしました。朝になって店主が来たけど、悪態つきまくって大騒ぎよ。私が罰金 70 万ウォン、店主が 300 万ウォン、客とケンカして頭にケガをしたオンニが 150 万ウォンになりました。店主は、お前らがしでかしたことだから解決しろって言って、自分の罰金 300 万ウォンを私とオンニで折半して返せって言うのよ。ちょっと悔しかったな。私の客でもないのに、たまたま一緒にいたたけで捕まって、店主の罰金まで払わせようとするんだから。それで思いの丈を訴えたら、店主が「そうか。そりゃ悔しいかもな。じゃあおまえは 100 万ウォン、おまえ（オンニ）は自分のせいでケガしたんだから 200 だ」って、そうなったんです。

イロ　ケンカになったらアガシたちが自傷行為に及ぶことがあります。その方が処罰が軽くなることがあるから。他の人より自分のほうがひどいケガをすれば、それなりに気の毒だって思ってもらえるから。それで自分から階段から転げ落ちたりしてました。

タンダン　そうそう。特に買春者とケンカするときは、自分のほうが相手より何かしら目立つ被害があったほうが同情とかしてもらえるから。

# 3章　性売買の現場で見た買春男性たち

## 男ばかり悪者にされて迷惑

ムンチでトークイベントを企画したときもっとも多い反応の一つは、「悪徳業者がいて性売買女性がいろいろと搾取されていることはまあわかるが、男性がみんな悪者として語られているようで不愉快だ」というものだった。「ちゃんとカネを払ってるし、悪辣なことをしているわけでもないじゃないか」というのだ。だから私たちは、私たちの出会った買春者について語ることにした。日頃は「なかなかの好人物」だというその男たちが、性売買の空間にやってきたとき何をしているのか、何を求めるのか。

値引きを求める者、タダでやろうとする者、空いばりしたがる者、借金を背負わせる者、おのれの不幸を愚痴る者、脅迫する者……。いかなる迷惑行為も避けられないのが性売買の現場の真実だ。表向きは思いやりを示すふりをしながら陰では支払いをツケにして女性の借金を増やすゲス野郎や、わが娘みたいだと言いつつベタベタいじりまくるクソ親父は、数えあげたらきりがないほど多い。娘みたいだと思う相手を長時間にわたって責め苛(さいな)むことができるなんてどうなのかと思うが、研究と実践にいそしむこのボディタッチの専門家どもは病的なほど手癖を抑えられないのだ。

「ゲロするか?」。これはすべて言ったとおりに従わないなら腹に収めたカネを吐き戻せという意味だ。「室長を呼べ」は、払い戻しに応じるか別の女性に換えてくれということだ。やるべきことはやっておいて「ふざけたマネ」をしているのだ。買春者にそんなことを言われたら、女性はそれまでの苦労が水の泡なので、客の機嫌を取って望みどおりに言うことを聞かざるをえない。

「昼間、外で会おう、恋人になろう」は、カネを払わずにやりたいという意味だ。それにとどまらず、そうやって関係を持った女性のカネを巻き上げる「ラバーボーイ」から、紹介料を取って別の性売買業者に売り渡す男までさまざまだ。■

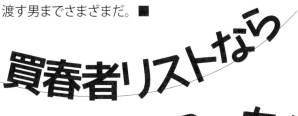

# 買春者リストならこっちにもある

# 買春男は全国に5人?

遊興酒店のような店で働くとき、ぜひとも身に着けておきたいスキルに「カラオケ番号の暗記」がある。カラオケ機のメーカーによって番号は違うが、「ムンチ」のメンバーどうし、メーカーごとに憶えている番号の曲名を突き合わせてみたら、驚くほど似たようなリストができあがった。

メンバーの働いていた場所は全国各地に散らばっているのに、どうしてこんな結果になるのだろうと話しながら、全国に客は5人だけ?と言って笑いあった。特に客が好んで歌っていた曲は、もう二度と歌いたくもないし聞きたくもないという感想もみな同じだった。

そんな歌のうち、年配客がよく歌っていたのは「夢の対話[*34]」だ。「部長、ぜひ1曲」といって勧め、部下たちが軍隊式の手拍子で盛り上げる曲でもある。私たちも言いたかった。部長の夢のために無理してムードを盛り上げてサービスするのなんかゴメンだから、その夢を他の場所で語り合ってくれ、と。

それから私たちがいちばん胸を痛めた客の愛唱歌は、「人は花より美しい[*35]」だった。この曲も 40 代以上の客がよく歌う。「人は花より美しい」というすばらしい歌詞を熱唱する表情は、いかにうっとりと幸せそうで、この世のすべてを許せそうなほどだったことか。どうして女性のカラダを売り買いする場所にそのような美しさを探し求めようとするのか。

全国に 5 人しかいないのかと思えるほどそっくりだったあの無数の客には、もういなくなってもらいたい。誰にも私と同じような経験をさせたくない。この世に心やさしき買春者など存在しない。■

男たちの望むとおりに、彼らの「ママ」みたいにお尻ペンペンしてやり、慰めてやり、

「娘」みたいに「パパ」と呼んで服を脱ぎ、

「奥さん」みたいにしていると、「ワイフにはできない」プレイをされる。

時には言われるがままに「赤ちゃん」ことばで甘えながら2次をこなし、

「召使い」みたいにあらゆる言いつけに従い、ひれ伏して足さえ舐め、そして言うことを聞かなければ

「犬」同然に扱われ、殴られることもある。

私って何?

店主に指図されるまま、そのひとことで死ねと言われれば死ぬことだってできるし、日に20人近くを相手に2次をこなし、体調が悪くても、性器が擦りむけて出血しても、やらなければならない。私は魂すらない操り人形にすぎない。■

条件デート〔援助交際〕の相手がなかなか見つからない日だった。やがてある男からSNSのDMで誘いが来たので時間と場所を決め、郵便局の前に行った。10分くらい待ったろうか。ふいに電話が鳴った。出てみると目の前の白い車に乗るように言われたので、その車に乗った。

中年男性。印象は好いほうで身のこなしもわりとジェントルそうだったので、用心深く緊張を解いていった。その男の運転でどこかに向かっているのだが、何度も手で弄(もてあそ)んでくれと言われた。気乗りしなかったが、言われたとおりにしてやった。どうせイヤだと言っても通じなかったろう。やがて停車したのはどこか町はずれの何もない場所だった。一瞬とまどった。当然モーテルに行くのかと思っていたから……。頭の中が真っ白になった。

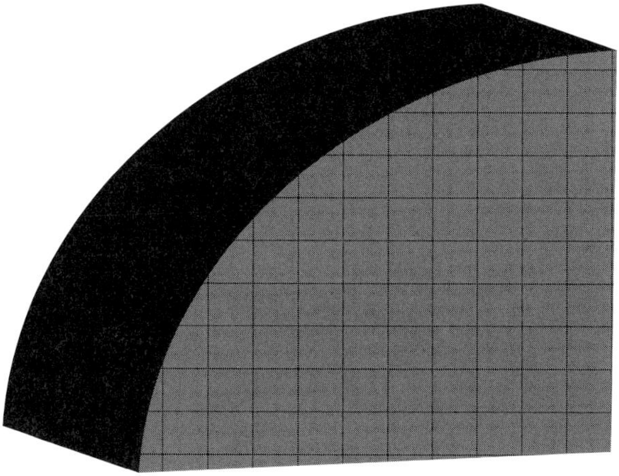

買春者が口を開いた。「僕は乳首の大きな女性が好きなんですが、触ってもいいでしょうか」。おどおどと触らないでくださいと言ったら、急に態度が豹変した。どうせヤリに来たんじゃないのかと、高圧的に言った。言われたとおりにしないとき買春者が異口同音に言うセリフも口にした。「警察に通報するぞ」。

**イカなかったから
カネは出せない**

ケッ、またそれか。

私は結局、おとなしく言われたとおりにした。

## #クソ野郎

車の中で愛撫と本番をやった。なのに途中で急にイチモツを抜いてしまう。ひとり身支度を整えているから、モーテルに行く気になったのかな、と思った。ところが身支度を終えたそいつが唐突に言う。「おまえとはヤッたけどイカなかったからカネは渡せないぞ」。また頭の中が真っ白になった。手ぶらで帰れという。めちゃくちゃカッとしたので車から降りて歩きながら電話をかけてひとこと言ってやった。

「ねえ、おじさん。どっちにしてもコンドームなしでやったから、私これから警察に行くわ。おじさんのDNAが出るはずだから、警察で会いましょうね」。

おカネがなくても死ぬほどの目に遭うんだったら、いっそ警察に行って巻き添えにしてやる、そう思ったのだ。

それを聞いてヤバいと思ったのか、何度も電話がかかってきた。その電話には出ず、流れる涙をぬぐいもせずに警察署に向かった。車が追いかけてきた。ちょっとからかっただけなのにむくれるなよ、カネを渡すから車に乗れよ、と言う。

「たんまり払うからさ」

私も警察に行くのは怖かった。罰せられるのは私だけだろうと思った。その一方で、へたに車に乗ったりしたら、ひょっとして殴られるかも、と怖気づいた。

「おカネ、そこから投げて行っちゃってよ」

言い終わらないうちに男は窓からカネを投げてよこした。15 万ウォン。私が拾い上げるのを見て、すぐに発車した。そのカネを手に部屋に帰る道すがらも、ずっと涙は流れつづけた。■

## スポンサー

条件デート〔援助交際〕をしていると、複数の男と会いつづけるのはしんどくても、ひとりと会って少し余計におカネをもらうならそっちのほうがマシと思うことがある。それを「スポンサー」と呼ぶ。スポンサーになる相手にもランクはあって、いちばん下は金額のことではなくハードな SM プレイを求めるやつらだと思う。こいつらは私のことをそもそも人間扱いしない。まるで焼肉で部位ごとに価格を決めるように、アナル OK ならプラス 30、野外プレイ OK ならプラス 30、アイテム（アダルトグッズ）OK ならプラス 15 みたいに、経験のあるやつほど過激なプレイをやりたがる。お仕置きプレイにハマったやつは「料金は殴られた後のカラダのダメージぶりを見て決めよう」と言い、血まみれになるほど殴ることもままある。しかもそいつらがその内容を SM コミュニティサイトにドヤ顔でアップすると、「すばらしい。Sub（従属者）さんと Dom（支配者＝スポンサー）さんは深い信頼関係で結ばれてるんですね。羨ましい限りです」などとヨイショする奴がいる。投稿者はおだてられていい気になり、読者のためにさらに加虐行為をエスカレートさせる。そういう経験談をひけらかしているうちにサディストぶりに耐えかねた女性が逃げ出そうとするが、そうなると写真や動画をネタに脅迫したり、販売したりする。

# 性売買と性犯罪には

# 紙一重の差もない

条件デートにはメッセンジャーアプリを利用する。アプリではGPS 機能で客と私の位置や距離が確認できるから、ブロックしそこねたり、ブロックしても別のアカウントを作ったりして脅迫してくる奴がいる。「道で出くわしたら顔をミンチにしてやる」、「おまえの住んでる町内に写真をバラまいたから、今にいいことあるかもな」、「妹分のアカウントからお前を呼び出して半殺しにしてやる」等々……。

ひとり勝手にいきなり何かに「カチンときて」ストーカー行為に及び、殺してやると執念を燃やすあの男にとって、「私」とは何者なのだろう。私は存在していない。ただヒイヒイ泣く女、身もだえする女、死にそうな女、雑に扱うことの許される女なら誰でもいいのだ。買春野郎たちの気まぐれに応じて、私なんて死のうが生きようが、恐怖におののこうが身を隠そうが、ただそれだけの存在だった。■

そのとき私は 18 歳だった。朝方、ある店に呼び出された。行ってみるとテーブルの上には酒もつまみもなく、ジュースのグラスが 2 個あるだけだった。客が言った。「隣じゃなくて向かいに座って」。「はい」と答えて「お酒、注文しましょうか」と尋ねると、酒は飲まないと言い、私にもジュースを飲むよう言った。どうして隣ではなく向かいに座れと言ったのだろうと考えたが、そのとき客が「歌いながらダンスしてごらん、できるだけセクシーに、誘惑するみたいにさ。よくできたらチップをはずむから」と言った。そしてビールグラスを前に置くと、そこに 5 千ウォン札を差した。

2 時間のあいだ、酒は 1 滴も飲まずに、一度も座ったり休んだりさせてもらえないまま歌い、踊った。そうやって 5 千ウォン、1 万ウォン……。客の望みどおり誘惑するようにドレスを少しずつ脱いでいったら、とても満足して 5 万ウォン札をグラスに入れてくれた。

あと 10 分くらいになったときに尋ねた。「お兄さんはお酒も飲まず、隣にも座らせず、2 次もしないのに、どうしてここに来ておカネを使うんですか」。するとその男は「飲み屋の子なんて汚らわしいから寝ない。ただときどき女に会いたいから、俺が生きてるんだって感じたいから、ここでカネを使うんだよ」と言った。

いつにもましてグジャグジャな気分になった。その日は 2 次がなかったけれど、2 時間以上もシャワーを浴びた。■

#あばずれめ_汚らわしいんだよ

#汚らわしいのに_なんで来るの

#汚らわしいのに_なんで会うの

客を取るために美容室で髪をセットしてメイクした。紳士ふうのおじさんがやってきた。酒も飲んでおらず、ヘンタイっぽくも見えなかった。今日はツイてると思った。けれどやがて期待はずれだったと思い知らされた。

服を脱いだところ、おじさんは胸が小さいからやる気が失せた、カネを返せと言いだした。腹が立ったが、はいそうですかと帰すわけにはいかなかった。心をこめて他のサービスもやってあげるからとニコニコなだめすかし、なんとか「無事に」切り抜けられると思った。

サービスに励んでいざ本番に及んだとたんに、スポッと抜いてできないという。どうしたのかと尋ねると、私の膣が使い古しみたいで気分が乗らない、だと。返金だけは免れようとあの手この手と尽くしたが、「警察に通報してやる」、「この店をつぶしてやる」と脅されたため、結局は返金せざるをえなかった。

## 警察にコネでもあるわけ？

店主からは「客ひとりまともにあしらえないのか」と罵られた。客の返金請求に応じたときは、売り上げを逃したことよりも店主から罵られることのほうがイヤだった。どうせ受け取ったカネが私の懐に入ることはないからだ。

最初の客を棒に振り、一日中クソみたいな客ばかり取らされた。今日もさんざんだ。■

ルームサロンに酒を飲みにくる買春者どもは、ふつう接待であれ何であれ仲間うちで話している時間がある。その日は大統領選を控えていたこともあり、誰が大統領になるかについて関心が高かった。やがて隣に座っていた買春者が私に、誰が大統領になると思うか訊いた。そこで自分なりに支持する候補の名を挙げ、大統領になったらいいと言った。それが問題になるとは夢にも思わなかった。

私のことばを聞くと、買春者はいきなりイカレたアマと言って繰り返しビンタを食らわせはじめた。向かいの席にいた買春者と女性が止めに入り、私を叩いた男は「カラダを売ってるアマのくせに出しゃばりやがって」とわめき、縁起でもないと毒づいた。

ルームサロンを訪れる買春者はとりわけ「レベル」の高い女性を好むので、気合を入れて着飾らなければならなかった。美容整形をし、ブランド品を身にまとわなければ、店の幹部はテーブル席に入れさせてもくれなかった。個室に入って席に着くと、客はすぐさまドレスのタグをチェックしたりメーカーを尋ねたりする。客の知らないブランドだったり安っぽく見えたりしたら、たちまち部屋から追い出される。■

## 「ブランド好き」は、いったいどっち？

私のいたところは、酒は出さず 2 次にだけ対応する店だった。1 日に 15 ～ 20 人くらいは取らないと、その界隈では稼げる女性として認められない。もし 10 人以下しか客を取れなかったら、商売にならないといって店主から罵倒されまくる。そんな日は客を選り好みしていたら店主からどういう仕打ちをされるかよくわかっているから、べろんべろんに酔っ払った客でも相手をして、売り上げを稼ぐ。

酔っ払っているから立たない。射精させるために手を使ったり愛撫したり、客の求めるあらゆる体位も試してみる。そうやって 1 時間以上かけてヘトヘトの状態なのに、部屋の外では店主がとっとと終えろと騒ぎたてるし、気が揉めてしかたない。ついには客がコンドームを使わずにやろうと言いだす。ダメだと言うと、そいつは射精できなかったからカネを返せと言う始末だ。1 時間もあれこれサービスさせておいてカネを返せとは恐れいる。返せないと言うと警察に通報すると言う。

腹が立ったが１時間クタクタになってサービスしたのがもったいなくて、客をなだめてもう一度試みた。結局そいつは払い戻しを受けて他の店に行った。店主からはさんざん罵られ、カネはもらえずに、１時間も何してたんだか……。店を飛び出してしまいたい気持ちをなんとか抑えてメークを直した。ホールに出てふたたび笑顔で次の客を待った。何事もなかったかのように。■

# あんたがイケなかったのって、私のせい？

キャッチ行為をする女性の集まる路地〔第1章「キャッチの店」参照〕で働いていた頃、20代後半の徴兵帰りの学生らしい純朴そうな若者を引っかけたことがあったが、見た目とは真逆だった。最初からその気で乗り込んできたやつだった。部屋に入ると、パンティは脱がずにパンストを履くよう命じ、そのパンストのまま性器にこすりつけろと言った。ある程度興奮してきたのか、今度はすべて脱いで男の持参した下着を着けるよう求め、さっきのパンストは返せと言った。

客から渡されたパンティは股間が割れているものだった。それを身に着けたまま「愛しあった」。片手にはさっき脱いだパンストを持ってクンクン嗅いでいた。射精の直前に性器を抜くと、カバンからバイブを取り出した。それを自分のアナルに入れてくれという。あきれてつい笑いが漏れてしまった。ともあれさっさとすませて追い出さなければならない。

20 ～ 30 分間なのに大忙しだった。純朴な徴兵帰りの若者など存在しない。手のかからない客など存在しない。知っていながらまただまされた。

# #買春者の求めること

2 次に行くと体を洗ってほしいというやつらが多い。自分はじっと座ったままで、私がシャワーで洗ってやり、タオルで拭いてやり、愛撫したりして本番が始まるのだが、私の顔をしきりに自分の性器の前に向けさせて、それとなくフェラを求めてくる。それがイヤで知らん顔していると「基本がなってない」といって腹を立て、自分はアナルが興奮するんだと言うが、どうしてもイヤでできずにいると、また「基本がなってない」と言い、払い戻しを受けて帰っていくのだ。基本っていったい何なのよ。■

座談会● 3

# 無限発話

## 当事者が語るということ

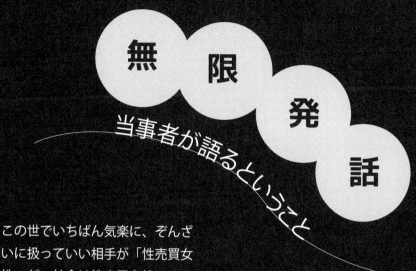

この世でいちばん気楽に、ぞんざいに扱っていい相手が「性売買女性」だ。社会は性売買女性にステレオタイプなイメージを押しつけ、あまりにも安易に後ろ指を差す。女性たちに振るわれた暴力は暴力ではないかのように、女性たちには暴力を振るってもかまわないかのように。そうやって性売買女性のことを汚らわしいと罵る者たちが、一方では「性売買は必要悪」だと考えている。買春行為をあたかも権利であるかのように振りかざしながら、なぜ女性たちのことは、性売買をしているという理由で「罵られて」当然の存在、ぞんざいに扱ってかまわない存在だと思うのだろうか。より若く、より従順で、よりセクシーな女性のカラダを買うためには労を厭（いと）わないくせに、自分のカネは出し惜しみしたがる、あの大勢の者たちはどこにいるのか。なぜ彼らについて語る者はいないのか。
ならば私たちが語ってやる。

## 買春者の求めるもの

イロ　世間では、買春者って性欲を解消するために性売買をするんだと思われているけれど、実際の現場ではそれが第一の理由ではないんですよ。買春者って、誰かから疎まれるとか、日頃感じてるストレスを私たちで憂さ晴らししていくでしょ。自分の中にたまった日常のカスを私たちというゴミ箱に捨てていくんだと思うのよね。身近な人たちにはできないことを、私たちのところに来て晴らしていくってわけ。

セイル　買春者はたしかに本番行為をしたがるけど、それよりも着飾った女性が愛想を振りまいてやさしくしてくれるのが嬉しくて来るのよね。店ではアガシが 5 人、10 人と部屋に入ってきて、好きな子を選ぶでしょ。ふだんの生活では複数の女性から「お兄さん、好きよ」って言われて「お好みで選んでね」なんてこと、あるわけないもん。なのにルームサロンであれ集結地であれ、どこに行ってもきれいに着飾った女性がズラリと控えてるし、ルームサロンでは「初見世」とかいって胸まで見せちゃって、そしたら買春者は気に入った女性を選んで好き勝手にして。摘発されたり暴行で通報されたりしてもちょっと罰金払えばすむから、怖いものなしなんでしょうね。買春者が性売買をするのは、カネさえあれば何でも自分の思いどおりにできるから。それがいちばんの理由だと思います。

タンダン　しかも罪悪感もないしね。自分は「カネ」で償ったと思ってるから。それも一種の依存症ね。いちばんイヤなタイプの客は、たいていが権力をほしいままにできる連中よね。店主がへへーってひれ伏すような客がいるんですよ。

イド　私たち、男たちが私たちの性を買ったとは思ってなくて、カラダと時間とその時間に属するすべてを買ってるんだって言い方をするけれど、当の買春者のほうは性を買ったって言うでしょう。なのにその買春者も必ずしも性的な欲求から訪れてるわけじゃないですもんね。

オリ　支配欲、自分の能力の確認、自己顕示欲みたいな。買春者って30代以上の既婚者がいちばん多いんですよね。性欲からってのは当てはまらないでしょう。

セイル　「ワイフに言われて来た」っていう客がいたんですよ。マジで不愉快だった。そういう女のところに行って自分にはとてもできないことをやって来いっていう、私たちにやりたい放題やって来いっていう話でしょ。

イロ　集結地にいたとき、ある店がすごく繁盛してるんです。車が行列になってて。後でわかったんだけど、アナルをさせてるってことでした。客がハマりまくってるって。うちの社長がおまえら何してるんだって訊くから、ボールペンを見せて「これをお客さんのアナルに刺して痛くなかったら、私も応じてあげる」って答えたのよ。だけどそのうちに隣の店もアナルOKになった。その店の子たちもきつかったでしょうね。どこかの店で始めたことが当たったら、やらないわけにはいかないのよ。結局ほとんどの店でやるようになって、それで他の集結地に移ったんです。

イド　私、ホテル内のルームサロンにいて外国人の相手もさんざんしました。本当にイヤだったな。独特のニオイも我慢しなくちゃいけないし、性病も心配だし、身を守るものといったらコンドームしかないし。射精できなかったから２次の料金を返せと言われたこともあります。だからマジで顎がはずれそうだったけど繰り返しやらされて。

タンダン　たっぷり舐めまわしてくれっていうからやってあげたんだけど、客がアソコに〔麻酔剤を主成分とする早漏防止・勃起維持用の〕スプレーをしてたのよ。終わったら口の感覚がなくなってて、よだれは出るわ、ろれつは回らないわ。ちょうど歯医者さんで麻酔したときみたいな感じだった。

イド　一緒に２次に行った妹分がいたんだけど、私が２次を終えてモーテルの部屋を出てフロントで休んでいたら、妹分が裸のままで顔から血を流して飛び出してきた。フロントの叔母さんがそういうことに備えていつも待機してるわけよ。歯が３、４本も折れて顔は腫れあがってるんだけど、客のほうも後を追って出てきて、止めに入った叔母さんまで殴って。だけどそれが常連客だったのよ。事情を知らない新入りの女性ばかりその客にあてがってたんだ。

タンダン　カネさえ払ってくれりゃいいんだからね。

イド　チップをはずむわけ。殴られて病院行っても退院するとチップをくれて、ドリンク剤みたいなのも差し入れてくれて。

オリ　一晩中ビンタしてる客もいるでしょう。顎がガクガクになるほど殴っておいて、おカネはたんまり払ってく。殴ったぶんだけ。

イロ　薬物をやってる客に当たったら、いっそ殴られるほうがマシだと思うようになりますね。集結地にいたとき、店主から客と外出するのを許されたんだけど、日頃は温厚そうだから言われるままにその人の部屋についていったんです。ところがいきなりドアにカギをかけて､錠前がいくつもあって､ベッドに横になったら注射器をパッと取り出すわけ。一緒にクスリをやってさっさとやろうぜって言うから、ひたすら勘弁してくださいって頼みつづけた。ずっとお願いしてたら､「ならば痛い目に遭うか」って､それで夜通し殴られた。体じゅうアザだらけになったけど、店主は最初から知ってたのよ。それから一緒に働いていたオンニから聞いた話では、客に噛みつかれて肉のちぎれた例もあるし、ヘビみたいな形をしたアダルトグッズみたいなのをカバンに持ち歩いてて、それを膣に入れて引っ張られて子宮が損傷したってことだった。その客は事故の後しばらくなりをひそめてて、ほとぼりが冷めた頃にまたやってきて事故を起こす、そんなだったそうです。そういうのはただ身勝手な満足感のためで、女性が苦しむのを見て楽しんでるんだよ。そういう目に遭った女性も治療が終わると､また出勤して働かなくちゃならないし。

セイル　被害者意識を持ってる客がいるけど、私がタバンにいた頃、チケットでモーテルに呼び出された女性が 2 次を断ると、女性を殴る客がいました。その客はすごく有名で、何軒ものタバンの女の子たちが腕を折られた、指を折られたって、そんなでした。私がその客にチケットで呼び出されたときに通報したものだから、そのせいで店が営業停止になったんです。そのとき知ったんだけど、他の女性たちはあんなにもケガさせられたのに、チケットで呼び出されたってこと言ってなかったんですよ。

イロ　真面目そうな客だったけど、電話番号を教えろっていうからイヤだって言ったら、いきなり殴りはじめたのよ。殴る客にはずいぶん会ったから殴られ方のテクも上達したのか、そうやって経験を重ねるうちに客の気分を害さないように、這えと言われりゃ這うフリくらいはするようになりますね。

イド　一度客に殴られてからは、少しでも何か言われたら心臓がドキッとして怖気づいちゃって。だからそれからは叔母さんに、私が何時までに出てこなかったらドアをノックしてねって、必ず頼んでた。

タンダン　歯が１本も残ってない女性にも会ったことありますよ。

イロ　わざと抜くんでしょう。オーラルのときケガさせそうだから。ふだんは入歯してて。

オリ　噛んでくれっていう客がいるから。

イロ　歯で噛むと痛いけど、歯茎なら大丈夫だから全部抜くのよ。

## 暴力が暴力でないかのように

タンダン　私は店を出たときには借金は残っていませんでした。抜け出してみたら、本当にいろいろひどい目に遭ってたんだなあ、ってわかった気がしました。そのことを知らせたかった。だけど警察の態度は「だから何なんだよ、もう過ぎた話じゃないか」、「そんな過去のことを今さらバラして、何かいいことあるのか」っていう、ストレートには言わないまでも、そういう印象を受けました。それで自分が無駄に騒いでるような気になったものです。店主に損害賠償請求訴訟を起こそうとしても、裁判所から「被害について、もっと、もっと、もっと話すんだ。他にないのか」って求められてるように感じました。すでに立派な人権侵害だし被害なのに、そこからさらにどれだけ多くの被害を自分で証明しなければならないんだろうって思ったし、マジで心が折れそうでした。店にいるときは目を背けて耳をふさいでいればそれですんだけど、社会に出てきたら「私は性売買被害女性です」って言っても、みんな、「で？」ってそれだけでしょう。自分自身以外には、誰も代わりに私が搾取された中身について語ってくれないのに、いつまでたっても証明しろだの何だのって感じだから、「いっそ黙ってればよかった、語らなければよかった」ってずいぶん思いました。

セイル　「私は性売買を経験し、性売買でこれこれの被害を受けました」と、誰の目にも明らかな被害と事実を語っているのに、そんなことを語るなんて、まるで自分で自分に烙印を押してるようなもんだぞっていう圧を、警察が、世間が、加えるんです。
性売買による被害について訴えるつもりで警察に行くと、そこでもう「性売買女性」というレッテルが貼られていて、そのレッテルが貼られた以上、私の遭った被害は被害でないかのように扱われるんです。「おまえは性売買女性なんだから、そのくらい当たり前だ、被害だなどと訴える資格はない」と世間が言ってるんです。まるでそのことを語る私に問題があるかのように、被害に遭った私が自分の被害を恥じてそっと隠れていなければならないかのように、どうしてあえてそんな話をするんだという目で見られるんです。

イロ　性売買が法律で禁じられてなかったら……

セイル　法律がなかったりしてごらんなさいよ、今頃はもう完全に×〔アウト〕よ。

イロ　法律で禁止されてるから、性売買女性に烙印が押されるわけじゃないでしょう。

セイル　ただ性売買をしてたから、それが烙印なのよ。

タンダン　どっちにせよレッテルには変わりないんだけど、自分のレッテルを「被害者」っていうのに上書きすることが、それなりに自分を守る方法のひとつだとしたら、それだけでも確保しておくべきってのが現実だよ。私たちは店から脱出し、こうやって落ち着いて語ってるわけでしょう。私たちはどんなことを経験したのか、暴力を暴力だと、被害を被害だと語る機会だけでも手にしなければならないのよ。

セイル　処罰されて犯罪者になるにしても、それで抜け出せるんだったら、私はそうやってでも抜け出すつもり。あそこには何もないもの。もう一度選択しろといわれても、あのガラス窓の部屋から何とかして抜け出せるなら、罰せられようが保護されようが、そんなのたいしたことじゃないと思う。

イロ　私は世間のレッテルより性売買の現場にいることのほうが恐ろしい。

タンダン　それは今私たちが知ってるから。だけど今もまだ店にいるとしたら、違う考え方にならざるをえないはず。目にすることのできる世界も、選択肢もあまりにも違うから。あそこではすべてが違って見えるんだから。私たちがそうだったようにね。

## 私たちが死んでも復讐してちょうだい

セイル　性売買防止法の制定〔2004年〕で話題になったとき、集結地にいた女性たちにインタビューがあったでしょう。あのとき、みなさんはインタビューに応じましたか。

オリ　インタビューを受けるつもりで待ってた。ローカル紙で集結地の各店からひとりずつ選ばれて。それでインタビューがあってニュースで流されて。

セイル　どんなこと話そうと思って応じたんですか。

オリ　どんなことって､そりゃ､性売買を続けさせてくださいって言ったよ。店主から店の代表に選ばれたんだから、他のこと言えるわけないでしょ。だけど並んで待ってたら、私の前の人がすごくいい話をしてるのよ｡生い立ちからしてもう切々たる内容で｡「自分には住むところもなくてビニールハウスの片隅で夜露をしのいでいて、親を養わなくちゃならなくて、この仕事しか食い扶持(ぶち)を稼ぐ道はないんです」みたいなこと訴えてるわけ。記者のほうもそれで必要な話はじゅうぶん聞けたんでしょ。だから後ろに並んでた私たちは話さなくてもよくなった。

タンダン　私もそういうこと話した。取り締まりが厳しくなったからローカル局の取材があったのよ。店主と話してインタビューさせてほしいっていうから、玄関の叔母さんと店の何人かの女性とでインタビューを受けました。そのとき訴えたのは「監禁なんてありません。このどこが監禁なんですか」ってことだけど、それを聞いて記者も大喜びよ。自分たちの聞きたかったことだから。ローカル局だから見る人なんてたいしていないと思ってたんです。なのに顔見知りの客から次々に電話がかかってきて、「なんでテレビに出たんだ」って訊くのよ。インタビューはネグリジェを着た後ろ姿で撮影したんです。声も加工してあったのに関心のある人たちはみんな見てたんです。インタビューの内容は「これこれの夢があって、ここで稼いでそれを叶えたい」みたいなこと。欲しいものは何かって質問に「パソコンが欲しい」って答えました。そしたら誰か買ってくれないかなって思って。放送ではナレーションもすごく悲しそうでね。たとえばウンギョンって名前だったら、「ウンギョンさんにはパソコンを習いたいという夢があり、ここで働かなければ生活できないと訴えます。性売買、はたして本当に悪なのでしょうか」、そんなふうに。だけどパソコンを買ってくれる人はいなかった。あの頃はちょうどSNSの走りのサイワールドが出てきた頃で、コンピューターゲームも流行してて、買春者の話題にも何かと出てくるのに、私はパソコンのスイッチを入れたことさえなかったんです。

オリ　私が最後にいた集結地から抜け出したとき、精神的にしんどかったこともあって、一緒に離脱したふたりと連れだってカラオケに行って歌ってから別れたんです。ところが店主が新聞にフェイク情報を流して、それを記者が鵜呑みにして記事にした。「その日、店から離脱した女性３人はシェルターには向かわず、手引き屋を通じて別のカラオケ業者に行って営業を続けた」ってね。性売買防止法なんて意味がないって主張したくて、そんなウソをついたんでしょうね。ただのウソじゃなくて、誰かが私たちを尾行してカラオケに行ったことを店主に知らせてるわけでしょ。それを新聞はたちまち記事にして。女性を店から離脱させたところで、また別の店に働きにいくっていうイメージをでっち上げて。抗議したら訂正記事はたった3行ですもんね、そんなの誰が読むもんですか。「店から離脱させても意味がない」って主張するためのフェイク記事を書いておいて、責任も取らないんですよ。

イロ　そういう記事が出ると、みんなすぐ「やっぱりね、思ってたとおりだ」って都合よく考えちゃうでしょう。私は性売買防止法制定の直前に離脱したんだけど、インタビューのオファーが来た。ぜひにと拝み倒されて、怖いと思いながらもインタビューに応じたんだけど、後ろ姿で撮影して、性売買の店を出て元気に暮らしているって事細かに話したのに、真逆のひどい内容に編集されて放送されたから、連絡が殺到した。あれからインタビューは敬遠してる。

イド　あの人たちの望む性売買女性像って、ふたつにひとつなのよ。これをしなければ暮らしが立ち行かないから性売買させてくださいって泣きわめくか、脱性売買して地道に生きていますといって後ろ姿で出演するか。

タンダン　「うーん、これちょっと撮れ高薄いな、もっと映(ば)えるのない？」みたいなこと要求して。

イロ　2004年頃、〔性売買防止法反対の〕決起大会に出かけたんです、決死の覚悟で。そしたら、集まっているのが集結地の頃の知り合いの叔父さんとか、みんな私のいた頃に一緒だった人たちなのよ。それでこっそり隠れて陰から見てるしかなかったんだけど、あの日はマジですごく泣きました。全国から貸し切りバスでやってきて、檀上には頭を丸めて決意表明した男の人が出てきて「性売買防止法を粉砕するぞ！」って。それから女性学者って人が出てきて「〔性売買〕女性たちを支持すべきです」

みたいなこと言ってるんだけど、当の女性たちはみんな辛そうに座ってるのよ。雨に打たれながら。こっちは傘を差してたけど。

イド　その女性たち、疲れ果ててたんでしょうね。

イロ　私もまだ集結地にいたら、望もうと望むまいとメディアに担ぎ出されてあそこに座ってたんだろうなあって思いました。

オリ　そうよね。私もあのときすぐに離脱してなかったら、マスクして市庁舎前に行ってたはずよ。

イロ　今ここにいる私たちだって、集結地にいたならば集会に行かないって断りきれた人がいると思う？

セイル　お義理でも行くはめになったでしょうね。

イド　私もしかたなく行ってたと思うな。

セイル　性売買女性の証言をまとめた本があるんです。すごくかわいそうで涙なくして読めない話ばかりなんだけど、残念なのは、みんなが聞きたがる被害者らしい被害者の物語、たんにその女性がいかにかわいそうなのかってことばかり描かれているんです。少しは違うやり方でも書かれてればよかったのに、性売買ってあたかも不遇な女の一生で、そのかわいそうな女が新たな生活を始めたらおしまい、っていう個人の問題みたいに見えるのがイヤでしたね。

イド　2012年に『あなたは知らない私たちの物語[*36]』っていう短編の

劇映画が作られて、インタビューされたんだけど、原稿を渡す前にチェックしたら、タイトルがふたつ書かれてました。そのひとつが、まるで性産業の世界にいる女性どうしの非難と対決の物語に受け取れるようなものでした。タイトルを変えてほしいと言ったのに、そのままネット上にアップされちゃって。私がすべての性売買女性を代弁しているわけでもないし、私自身の考えを知ってもらいたかっただけなのに、いつも構図がそういう筋書きになってるのがイヤなわけ。

セイル　私たちの話じゃなくて、記者の意図に沿って書かれますからね。なのに当事者がそれを望んでいるって報道されて。

オリ　憲法裁判所の違憲訴訟〔＊ 19 参照〕とのかかわりでもインタビューを申し込んでくるところがけっこうありました。個人ではなく「ムンチ」名義としてなら応じるとの約束で、あるメディアのインタビューを受けたんだけど、そうお願いしていたにもかかわらず、インタビューの内容は私が性売買に入ったルートとか店を出てからどんな状況にあるかってことばかり書いてあって、あとは学者の談話でうわべを飾った記事が出たときは、本当にイラっときた。

セイル　そのインタビュー記事の横にコンドームを飲み込んだ性売買女性の話題が載ってたんですよ。「ムンチ」についてはまるで言及がなく、その横に「摘発時にコンドームを飲み込んだ」ってエピソードをことさらに書くのがすごくイヤだった。

オリ　メディアの扱う性売買の話は最初からプロットが決まってるって、毎度のように感じるよね。「メディアの裏切りシリーズ」。

タンダン　店にいた頃、性売買女性を描いた映画を観たけど、同じ映画を10回以上観ました。観れば観るほど悲惨な気分になった。女性を見る社会のまなざしってああなんだな、ヒロインの末路は結局ああなんだな、それを繰り返し思い知らされるから、映画を観ながら私にも期待すべきことなんてないって絶望感を覚えたのよね。それから、女性をさらって性売買させる映画があったけど、観ていてマジで悪態をついちゃったよ。何考えて、ごく普通の女性をさらって借金漬けにして、なんてストーリーをひねくり出すんだか。

セイル　映画によってはそれなりに現実を反映してるのもあるけど、まるで非現実的なのもあるのよね。

タンダン　非現実的なんだけど結局メッセージは同じように思える。ヒロインってなんだかんだいっても手なずけられて、よそにやられてもいずれ訪ねてくるでしょ。それがイラつくのよ。そういう映画を観て当事者である私たちは絶望感に陥るんだけど、一般の観客は観ながら「性売買女性ってああなんだよね」って、すぐ思っちゃうのがイヤだったのよ。

セイル　「結局はヤリマンになるんだな」、それから「自分を売り飛ばした男のことが好きなんだな」、そうなるのよね。

タンダン　メディアが私たちの姿を作り出すの。

イド　性売買女性が登場する映画では、女性たちはみんな死んじゃう。それから男が好きだから性売買を続けていて、映画ではむしろ店主がヒーローだし。

タンダン　映画も作り方はサイテー。なんで性売買女性が死んだら復讐してくれる人はいないのかって。性売買女性は死んでおしまいなんだもの。そんな映画のイメージひとつ、記者のペン先ひとつが、いかに実際の女性たちの人生に影響を及ぼすのか知ってもらいたいですよね。

# おわりに──無限発話をしめくくりつつ

オンライン上で行われる女性を対象にした性搾取の構造を白日のもとにさらした、いわゆる「n 番ルーム性搾取事件[*37]」は、「ムンチ」の経験とけっして異なるものではなかった。この事件でグループチャット会員たちの求めていたのは性行為ではなかったし、これが助けを求めづらい女性たちを対象とした犯罪であることを、私たちはよく知っている。性売買女性への暴行、不法撮影〔盗撮〕、グルーミング犯罪[*38]は、過去にも、こんにちにも起きている。

多くの女性がこうした被害に遭っている理由は、「女性にはそうしてもかまわない」という認識が性売買の日常化とともに広まってしまったからだ。性売買の現場ではカネは権力であり、絶対的な権力者は買春者たる男性だ。カネで容認される暴力の中で、性売買女性はいかなる理由をもってしても抵抗することができない。性売買の現場で、当事者たちは性的な暴力に毎日のように見舞われているが、対価が支払われたという理由で、誰も性売買女性の話に耳を貸そうとしなかった。

「ムンチ」は 2006 年から現在まで、自分たちの経験した性売買の現場、性搾取の状況について、オンライン・オフラインを通じて発話しつづけている。同時に、今なお取引という名のもとで、女性たちがさまざまなやり方で道具として扱われている現場を目の当たりにしている。買春男性の振るう暴力に寛容で、性売買女性の被害に鈍感な韓国社会が、さらに多くの被害者を生んでいるのだ。

今からでも変わらなければならない。性売買女性に対する偏見を取り払い、性搾取の構造を解体するとともに、犯罪者を厳しく処罰して性搾取を許さない社会を築かなければならない。私たちは韓国の性売買被害者に対する保護支援システムと北欧モデル[*39]とを統合した「性平等モデル」への転換をめざしている。

そのために「ムンチ」は、当事者としての自分たちの役割をいっそう拡充していこうと思う。多様なチャンネルを通じた発話に取り組み、反性売買運動の重要な礎（いしずえ）となれるよう努めていく。ともに声をあげてくれる非経験当事者の活動家らを含む支持者との連帯が築かれることを望んでいる。また、世界各地で活動している性売買経験当事者とのネットワークを通じて、性売買女性の非犯罪者化に向けてのグローバルな活動をさらに前進させていきたいと思う。

「ムンチ」は、誰ひとり犠牲者とならず搾取されない社会を築くために行動し、発話し、そうすることによって、社会の無関心の生み出した強固な性搾取カルテルを突き崩していけると信じている。

たいそうな名前
つけやがって
みんなつぶれちまえ

訳注）①店名が固有名詞の場合、漢字は同定できないので類推して当て字した。普通名詞は翻訳し、固有名詞で漢字の類推が難しいものは音訳した。②リストでは店名が重複しているが、誤植ではなく女性たちがそれぞれ在籍した別々の店だと判断し、そのまま訳出した。

## 性売買事業所リスト 〔ムンチ・メンバーのかつての所属先〕

**タバン**：雪緑 ( ソルロク ) タバン、シャネルタバン、吉安 ( キラン ) タバン、大河 ( テハ ) タバン (24 時間 )、バリタバン、お兄さんタバン、大明 ( テミョン ) タバン、蟻タバン、東城 ( トンソン ) タバン、貴賓タバン、閔 ( ミン ) タバン、カボチャタバン、明洞 ( ミョンドン ) タバン、コヨンタバン、チョイスタバン、119 タバン、姫 ( ヒ ) タバン、蝶タバン、木蓮タバン、火の粉タバン、東林 ( トンニム ) タバン、韓国タバン、儒城 ( ユソン ) タバン、熊タバン、街路樹タバン、黄金タバン、77 タバン、真 ( チン ) タバン、八道 ( パルト ) タバン、琥珀タバン、郷愁タバン、松タバン、宮殿タバン、王妃タバン、秀 ( ス ) タバン、ヨンジンタバン、星タバン、情タバン、文化タバン、74 タバン、皇室タバン、イナタバン、10 タバン、ハイトタバン、カボチャタバン、セクシータバン、星タバン、甘露タバン、お姫様タバン、2580 タバン、永同 ( ヨンドン ) タバン、ターミナルタバン、ブチタバン、美人タバン、越山 ( ウォルサン ) タバン、東洋タバン、幸運タバン、泉タバン、公州 ( コンジュ ) タバン、猪タバン、琥珀タバン、灯篭タバン、東園 ( トンウォン ) タバン、グリーンタバン

**条件デート**：牡丹 ( モラン ) 駅、野塔 ( ヤタプ ) 駅、梧里 ( オリ ) 駅、水原 ( スウォン ) 駅、新林 ( シルリム ) 駅、正往 ( チョンワン ) 駅、ソウル駅、新村 ( シンチョン ) 駅、江辺 ( カンビョン ) 駅、元堂 ( ウォンダン ) 駅、白石 ( ペクソク ) 駅、ヨンシンネ駅、九老 ( クロ ) 駅、新道林 ( シンドリム ) 駅、松炭 ( ソンタン ) 駅、明倫 ( ミョンニュン ) 駅、東莱 ( トンネ ) 駅、久瑞 ( クソ ) 駅、中央洞 ( チュンアンドン ) 駅、新論峴 ( シンノニョン ) 駅

**手引き屋**：ココ、99 所、ステイ、サクラ、シニョン

**飲み屋**：青松 ( チョンソル )、ノボテル、貿易館、チョンイン、カボチャ、ジバペ〔「家の前」の意〕に、レミアン、プリンス、シザース、バッキンガム、インターバーゴ、

米国、ローヤル、ミルクミルク、シャネル、パーティパーティ、呉 ( オ ) 博士、ニンジン、砂糖、カボチャ、春子 ( チュンジャ )、フラワー、K2、巨人、リッチ、音痴、ジュリアナ、梨花 ( イファ )、キリン、朝鮮、パラダイス、ホリデー、宮殿、ミランダホテル、トーキョー、安房宮、羅城 ( ラソン )〔ロサンゼルス〕、金馬、突山 ( トルサン )、亜南 ( アナム )、鳶島 ( ヨンド )、コリアシティ、インターバーゴ、エース、ボボス、1 年 3 組、砂時計、ビッグマン、宝島、王仁 ( ワンイン )、レッド、嶺東 ( ヨンドン )

**酒 3 種**：ソウルマッチャン、松汀里 ( ソンジョンニ )、柳川洞 ( ユチョンドン )、玩月洞 ( ワヌォルトン )、薔薇マウル、開福洞 ( ケボットン )、城南 ( ソンナム ) 中洞 ( チュンドン )

**集結地**：清涼里 ( チョンニャンニ )、イエローハウス、弥阿里 ( ミアリ )、新吉洞 ( シンギルトン )、チャガルマダン、51 号、金泉 ( キムチョン ) 駅、慶州 ( キョンジュ ) 駅、水原 ( スウォン ) 駅、善美村 ( ソンミチョン )

**ソープランド**：クジラ

「ムンチ」のメンバーが所属・経験したことのある店のリストを作成した。けっして忘れようがないと思っていた店の名前が思い出せなかったり、移動した場所があまりにも多くてやるせない気分になったりもした。店名を並べてみると、地名、ブランド名、カネの匂いのするモノなど、男性が喜びそうな名称が多い。条件デートの場合は駅名を挙げた。主に周辺のモーテルで性売買が行われた。

それぞれのいた店と地区も記そうと思ったが、やめた。働いていた場所のことを思い浮かべると、おのずと口から悪態が飛び出す。どんな場所だったのか、おぼろげに思い出す。私たちのことを利用していた店や買春者がどんなだったのか、今度はこっちがさらしてやる。

# 訳注

〈はじめに〉

＊1　韓国では2000年・02年に全羅北道群山市で起きた性売買女性火災死亡事件をきっかけに女性運動が立ち上がり、有名無実化していた「淪落行為等防止法」（1961年）を廃止して、2004年に新法「性売買防止法」が制定された。同法は、①「性売買斡旋等行為の処罰に関する法律」（処罰法）と②「性売買防止および被害者保護等に関する法律」（被害者保護法）から成る。①は性売買斡旋業者や買春者を処罰する一方、性売買女性を自発と強制に分け後者の処罰を免除した。②は国家の責任で性売買女性の保護、被害回復、自立・自活を支援することを可能にした。３年ごとの性売買実態調査が実施されることになり、性売買予防教育が学校など諸機関で義務化された。買春者処罰に踏み込んだ北欧モデルを部分的に取り入れたものの、すべての性売買女性の非処罰は実現できなかったため、処罰法改正運動が根強く続いている。

〈１章〉

＊2　原文は按摩ルーム。浴室型の性売買店のことで、以前はトルコ風呂、蒸気風呂と言った。日本の「ソープランド」にあたり、日本由来である。

＊3　性売買業関係者は、女性に親族呼称を用いて呼ばせる場合が多い。本名を明かさないためでもあり、疑似家族のようにふるまうことで恩義を押しつけ、女性の無力感や依存を強化して自立を阻むためでもある。

＊4　性売買集結地のこと。この言い方は「性売買防止法」制定（2004年）に伴い女性団体の提案で使われはじめた。それ以前は私娼街、淪落街、特定地域、赤線区域、紅灯街、集娼村などと呼ばれた。集娼村とは「娼婦が集まる地域」、性売買集結地とは「性売買事業所が集結する地域」という意味なので、問題の焦点が女性から業者に移ったことになる。

＊5　性売買の業態のうち、同一店内でショー、酒類を伴う飲食、性売買の３つの行為が行われる店。

＊6　光州市光山（クァンサン）区の光州松汀駅周辺に形成された性売買集結地。正式な地名は松汀洞（ソンジョンドン）だが、性売買集結地としては古くからの地名である松汀里と呼びならわされている。

＊7　店が雇うマダムは従業員の女性たちを管理し、客との仲介をして売上を管理する中間管理費を女性たちに転嫁するが、こうしたシステムが定着している。

＊8　タバン（茶房）とは喫茶店のことだが、転じて女性従業員が出前の際に一定金額の「チケット」を購入した客と一定時間をともにすごせるという性売買の業態になった（チケットタバン）。

＊9　原義は座布団が敷かれた家、つまり料亭のことだが、現在はビールケースや洋酒を注文させ、室内で裸体ショー、性売買が行われる。ビール屋、ビール洋酒屋、麦洋屋とも呼ばれる。麦洋バーもその一つ。

＊10　性売買の店で働くことを条件に、働くのにかかる経費など当面急ぎの費用がかかることを名目に事前に支払われる金銭で、すべて女性の借金になる。性売買市場で女性を縛りつけておくための主要な統制手段である。そのルーツ

は植民地時代に朝鮮に移植された日本の公娼制の「前借金」にさかのぼる。

＊ 11　原文は휘파리（フィパリ）の店。フィパリとは女性たちが直接客を呼びこむことを指し、「ナカイ」（注 27 参照）と類似した客引き行為をさす。2000 年に火災惨事が起きた全羅北道群山市の大明洞性売買集結地はフィパリ路地と呼ばれた。韓国に幾つかあり、性売買集結地のなかでも非常に劣悪な地域である場合が多い。群山市の性売買集結地の場合、客引きを「シュパリ」と言ったという俗説、旧市場側の塩辛市場とつながりアオバエ（シュパリ）がたくさん飛んできてシュパリ路地と呼ばれたという説がある。日本語で客引き行為を指す「ヒッパリ」が語源とされるが、その後に他の意味が重なったと推察される。

＊ 12　「遊興酒店」のうち個室型の高級ルームサロンを指す。ソウル市江南地区が有名だ。遊興酒店とは女性従業員が男性客を接客し酒食と遊興を個室で提供する業態をいう。そのうち個室型の高級店をルームサロンと呼ぶが、ルームサロンの「上位 10％＝テンパーセント」に該当する「高級」な女性のみ置いている店がテンパーだ。テンパーでは、テーブル席でのサービス、歌やダンス、ショーをして（以上は「１次」）盛り上げる女性は「商品価値」維持のために性売買をしないのが原則で、客が望む場合は「2 次」として性売買をする女性を別途に呼ぶ場合がある。

＊ 13　成人男性が若い女性（未成年含む）に対し金銭的援助などと称して買春する点で、日本でいう「援助交際」（1990 年代～）、あるいはその新しい形態である「パパ活」（2015 年前後～）にあたる。

＊ 14　　7、8 時間の利用で 1 泊すること。店舗型、派遣型とも利用開始時と終了前の各 1 回、都合 2 回の本番行為が行われる。逆に「ショートタイム」は一回 15 ～ 20 分という制限時間内に 1 回の本番行為を行うことをいう。

＊ 15　韓国で中学教育の無償化は 1985 年度に島嶼・僻地地域から段階的に導入され、国内全域で義務教育となったのは 2002 年度の新入生からだ。それ以前は中学教育は有償だったため、さまざまな事情から進学せず（できず）、または中退する者もいた。2021 年度からは高校教育も無償化された。

＊ 16　遊興酒店や団欒酒店などの酒席に酌や性売買をする女性を供給する事業者のこと。店が女性を雇用し管理するかたちだった 1990 年代までは紹介業が優勢だったが、2000 年代からはその都度必要な人数を手配する「手引き屋」が増えた。性売買の斡旋の際、紹介業は短期間でも雇用のかたちで店を仲介して紹介料を受け取るのに対し、「手引き屋」は必要に応じて案件ごとに女性を送りこみ手数料を受け取る。

＊ 17　チケット 1 回分が 1 時間なら、その 10 倍程度の料金ですべてのサービス、つまり酒席やカラオケへの同伴から性売買まで可能な長時間のチケット。

＊ 18　チケットタバンを餅タバンと呼ぶ。餅は性行為を暗示する言葉だ。

＊ 19　性売買の斡旋等処罰法違反容疑で起訴された性売買女性が、2012 年に「同法の処罰規定は基本権及び平等権の侵害」として提訴した違憲訴訟のことで、憲法裁判所は 2016 年 3 月に同法を合憲と決定した。同法は「性売買被害者」を除く性売買当事者双方を処罰するよう規定しているが、ムンチをはじめ反性売買運動では性売買を女性への性搾取ととらえ、すべての性売買女性に対

する処罰規定に反対している。

＊20　2009 年頃から目立ってきた女性従業員とキスできる店。性売買防止法に規定がなく取り締まり対象でないことから拡大したが、未成年者の立ち入り、類似性行為をする店の登場などで問題化した。食品衛生法、雇用安定法などによる取り締まりは行われているが、取り締まりを逃れるためにネット広告で予約した客だけを対象に看板などを掲げずに営業する店も多いという。

＊21　ソウル市城北区（ソンブクク）下月谷洞（ハウォルゴットン）および弥阿洞（ミアドン）一帯にある代表的な性売買集結地。性売買集結地としては古くからの地名である弥阿里（ミアリ）と呼びならわされている。2003 年から閉鎖に向けて施策が試みられているが、なお道半ばで、規模は大幅に縮小したものの 2021 年現在でも 50 ～ 80 店の性売買店で約 300 人の女性がいると推定される。

＊22　性売買店の周辺で女性を相手に下着を売る女性のこと。女性に対し店で必要な物品を売るさまざまな人びとがいるが、すべて性売買業者とつながっている。外商で物品を女性に売って（ほぼ半強制的な場合も多い）、その掛け金が女性に性売買を強制する手段になるという仕組みだ。座談会中に出てくる雑貨屋やヤクルトおばさんなども同様である。

＊23　17 歳以上の韓国国民を対象に管轄区域内の住民であることを証明したカード式身分証。写真に加え、名前、出生時に与えられた識別番号である住民登録番号が記載されている。日常生活に不可欠なアイテムになっている。

＊24　ソウル市永登浦区の地下鉄永登浦駅周辺にある性売買集結地。2020 年から閉鎖および周辺地区整備事業が始まっているが、2021 年 8 月末現在、76 店で 168 人の女性がいる。

〈2 章〉

＊25　神と交信して口寄せを行う伝統的なシャーマニズムの巫女。現在でも珍しい存在ではなく、悩みごと相談や吉凶判断などに利用する人は少なくない。ただし、店主とグルになって女性を搾取する構造の一翼を担う悪質な業者も存在する。

＊26　女性のカラダを使って客に酒を早く消費させるために行われる各種ショーのこと。

＊27　性売買集結地で客引き役の女性を指す用語。ほかに「昼間の叔母さん」、「夜の叔母さん」、「ナカイ（客を「釣る（낚는다）」に由来する呼称だという）」とも呼ぶが、地域ごとにさまざまな呼称がある。通常、買春客の支払った料金の 10 パーセントが取り分となる。

＊28　女性を並べ、店を訪れた買春者に眺めさせ、気に入った女性を選ばせること。ときに胸を見せたり下着を下ろさせたりという屈辱的な行為を強いるが、それもサービスの一環とされ、買春者も入店時のシステムとして当然視している。

＊29　店主がろくに食事をくれないため、女性が空腹でこっそりラーメンを食べるのにお湯を沸かすとバレるから冷水にふやかして食べること。

＊30　性売買の斡旋をして利益を得る者をさす歴史的な名称。植民地期に導入された日本式公娼制に由来し、韓国語で「ポジュ」と読む。最近では斡旋業者と呼ばれるが、その場合は高度に産業化された現在の性売買における性売買店の店主、管理者、投資家、宣伝する者などを含む。

＊31　来店客に女性を選ばせるために、胸を見せたり下着を下ろして性器を見せたりすること。

＊ 32　女性の裸体を渓谷に見立て、股間と太ももの間のくぼみに酒を溜めて飲む行為。日本の「わかめ酒」に同じ。

＊ 33　韓国の憲法裁判所は 2005 年、戸主制度に違憲判決を下したことで戸主制度が廃止され、これに伴い 2008 年に戸籍制度も廃止された。女性運動の成果とされる。文中にある戸籍に赤線が引かれ云々は、店主の嘘であり脅迫である。

**〈3 章〉**

＊ 34　1980 年の大学歌謡祭で大賞を受賞した、李范鎔（イ ボミョン）・韓明勲（ハンミョンフン）の歌うデュエット曲。恋人とのロマンチックな田舎暮らしに対する憧れを軽快なリズムに乗せて歌う。タイトルに「対話」を冠したデュエット曲であるにもかかわらず、ふたりの男性が男性側の夢だけを語る内容の歌詞がまさに象徴的である。

＊ 35　デモ、集会、組合活動の現場などで歌われることを目的に創作されるいわゆる「民衆歌謡」というジャンルで、1990 年代を中心に活躍した安致煥（アンチファン）の代表曲のひとつ。タイトルからもわかるように内容はいわゆる人間賛歌で、サビは「誰が何と言おうと人は花より美しい」。このジャンルとしては珍しくテレビ番組にも登場するため背景を知らない保守派も歌うが、基本的には民主化を担った進歩派、労働者が好む歌である。

＊ 36　韓国の性売買経験当事者だったエムケイ監督がみずからの経験をふまえ、4 人の脱性売買女性の日常を描いた 25 分の劇映画。2012 年の第 4 回性売買防止映像祭（主催：女性家族省、主管：韓国女性人権振興院）で上映された。

**〈おわりに〉**

＊ 37　2020 年に摘発されたメッセンジャーアプリを介したデジタル性犯罪の総称。SNS の裏アカウントなどから女性を脅迫して性搾取的な写真や動画を入手し、被害女性を「奴隷」と呼びならわして会員制チャットルームで共有していた。1 番から 8 番までのルームの他にも類似する複数のルームが生成され、会員数が数万人に及ぶルームもあった。被害者の総数は 1000 人を超え、各ルームの運営者らが逮捕起訴された。2021 年 11 月、最高裁が「n 番ルーム」運営者の男性の上告を棄却して懲役 34 年の刑が確定した。同年 10 月には最高裁で「博士ルーム」運営者の男性に懲役 42 年、GPS アンクレット着用 30 年の刑を言い渡したが、同年 8 月から、収監中でネット接続ができないはずの本人名義のブログに裁判記録を含む複数の文書が掲載され、判決当日には現行法制度を批判する文書も掲載されていたことが明らかになった（後に本人の父親が投稿を代行していたと判明。当該ブログはすでに削除・閉鎖）。

＊ 38　手なづける（Grooming）の意。加害者が被害者（主に未成年女性）に巧妙に接近し、信頼や好感を得て支配的な関係をつくった（Grooming）あとに行われる性犯罪のこと。n 番ルーム事件もこの事例。日本でも、成人男性による 10 代女性への性虐待の背後に SNS を使ったグルーミングが指摘されている。

＊ 39　スウェーデンでは買春を「女性への暴力」とみなし、1999 年に「買春」を処罰する法を世界で初めて施行した。この法では性売買女性は処罰されず、さまざまな支援を受ける。同国から始まったので北欧モデルと言われ、その後ノルウェー、アイスランド、カナダ、北アイルランド、フランス、アイルランド共和国、イスラエル、米国ハワイ州に次々と導入された。スウェーデンでは同法制定 10 年後、性売買による性搾取が減少したと評価され、国民の支持率も 70% 以上と高い。

# 『無限発話』が問うもの

小野沢あかね

性売買経験当事者ネットワーク・ムンチ（以下、ムンチ）著『無限発話――当事者が語る性売買の現場』を日本の皆さんに紹介できることをとてもうれしく光栄に思う。

本書の特徴は、ムンチのメンバーたちが経験した性売買の現場について、１章では性売買の業態ごとに、２章では主として業者からの仕打ちについて、３章では買春者にされたことに関して、それぞれ座談会も活用しながら、生々しく語っていることである。しかしそれ以上に斬新なのは、本書中に大きく描かれた数々の吹き出しだ。これらは、原書にもともとあったものを日本語版でも活かしたものである。吹き出しには、彼女たちが業者や買春者から言われた典型的な言葉や、彼女たちの心の声が書かれており、それらの言葉を読むだけでも性売買とはどういうものなのかが浮かび上がってくる仕掛けになっている。

ここでは、私が日本の公娼制度や沖縄の性売買を研究してきた立場から、本書中の最も注目すべきと思われる点を指摘してみたい。

## ◆性売買業者による支配――前払金とマインドコントロール

性売買業者が女性を支配する最も根強い方法に、様々な名目で女性に多額の借金を負わせ、返済まで廃業できなくさせる前払金のシステムが存在する。これはもともと日本の公娼制度の前借金に端を発するものだが、この前払金が業者側の手口によってめったに返済出来ない構造になっていることは、脱性売買支援を長年行って来た活動家であるシンパク・ジニョン著『性売買のブラックホール』（ころから、2022年）に詳しい。なお、同書は、本書『無限発話』と姉妹本の関係にあるので、ぜひ合せてお読みいただきたい。

一方、本書『無限発話』からは、そうした構造のなかに置かれてしまった性売買女性たち１人１人の目からみた借金返済の苦難と絶望、業者への恐怖や怒りが切実に伝わってくる点が重要だ。そもそも客の支払うカネのかなりの部分が店のものとなり、女性の取り分は借金返済に消えていく。吹き出しから見ていこう。「誰が働き、誰がカネを稼ぐのか」（33 頁）。もちろん性売買女性たちが必死に稼いでいるのだ。しかし、そのカネは彼女たちの手には入らない。そして、「おい！病気でも借金返してから死ねよな」（28 頁）という残酷な言葉は、性売買業者が女性をどう扱っているかを顕著に表している。その上、タバンでは客がつかなかった時間帯は女性の借金が上積みされ、島タバンでは島の住民全員が逃亡阻止の監視役になっている。「逃げられないんです。死ぬこともできないんです。」（31 頁）は増える一方の借金に絶望し、自殺したが死にきれなかった女性の言葉だ。高級とされるソウルの「テンパー」でも、美容代等にカネをかけるよう仕向けられて借金返済不能に陥り、ソープランド等へ売り飛ばされることがある。だから性器がすりむけ出血しても、病気になってもやり続けなければならない。

しかし、さらに恐ろしいのは、この世界にいると、こうした人権侵害を人権侵害と認識できず、性売買以外では暮らしていけないと思わされてしまうことだ。だから、性売買防止法制定過程で、業者からこの法律ができたら、お前らの生きて行く道はなくなるのだから反対デモに出ろと言われれば、性売買女性たちはデモに出ない訳にはいかなかったのだ。

### ◆買春者の本当の姿をさらす――買春は性暴力

本書のさらに重要な点は、買春者の実態を暴露していることだ。韓国でも日本でも買春はさほど悪い行為とは思われてこず、世間の注目は性売買女性にばかり集まっていた。それに対して、問題の焦点を買春者の方へ一気に転換したのが本書のオリジナリティだ。

そもそも客を射精させるにはたいへんな労力がいる。あの手この手で射精させようとしても結局射精できず、「イカなかったからカネは出せない」(146 頁) と支払わない買春者。妻にはできない「ヘンタイ」行為をする買春者。一晩中性売買女性をビンタし続ける買春者。性売買女性に新聞紙に排泄させてそれを見てマスをかく買春者……。これらは決してまれなケースではなく、日常茶飯事なのだ。「殺してやると執念を燃やすあの男(買春者)にとって、「私」とは何者なのだろう。」「雑に扱うことの許される女なら誰でもいいのだ。買春野郎たちの気まぐれに応じて、私なんて死のうが生きようが、恐怖におののこうが身を隠そうが、ただそれだけの存在だった」とムンチは考える(151 頁)。

こうした買春者に接し続けてきたムンチは、買春の本質を鋭く見抜く。買春者が一番求めているのは性ではない。ちやほやされたい、うさをはらしたい、一言で言えば支配欲を満たしたい、というのが買春しに来る理由なのだ。だから性売買女性が売らされているのは性(だけ)ではない。男たちは「カラダと時間とその時間に属するすべてを買ってる」とムンチは考える(163 頁)。だから、「性売買と性犯罪には紙一重の差もない」(150 頁)。すなわち、買春は性暴力なのだ。その買春者の実態を発話し続ける。「買春者リストならこっちにもある」(141 頁)のだから。

なお、本書では性売買のことを「」をつけてたびたび「仕事」と書いている。しかしそれは著者たちが性売買を他の仕事同様の仕事と見なすべきだと考えているからでは全くない。むしろその逆だ。「私たちのしていたことは、性売買という「仕事」ではなく、自分のカラダを売る権利が自分にはないことを思い知らされる、それだけだった」(109 頁)とムンチは語る。

### ◆自発も非自発もない――「自己責任」に反論する

性売買経験を再解釈し、語ろうとするとき、彼女たちの前に立ちはだかる言葉がある。それは、「自発的に性売買を選択したのだから、自己責任だ」という言葉だ。彼女たち自身も「あのときああしていなかったならば」自分は性売買をしなくて済んだのだろうかと考え込むことがあるという。

しかし、本書に書かれたムンチの経験を読めばわかることは、性売買に自発も非自発もないということだ。あるのは、貧困や困難な状況に置かれた女性たちを、自発的に参入したかのように見せかける方法で性売買に誘い込み、搾取しようと罠を張り巡らせている性売買業者たちなのだ。だから「自発とかなんとか言うな」(109 頁)。ムンチは、自分で性売買を選択したのだから自己責任だという社会を変革したいと主張する。

## 性売買経験当事者からみたセックスワーク論の残忍さ

ムンチが発話する理由の 1 つに、セックスワーク論への反発があるというのも注目すべき点だ。セックスワーク論とは、性を売る行為を他の職業同様の労働とみなし、性売買斡旋業は普通の職業、買春はただの消費行動と見なす論である(詳しくは『性売買のブラックホール』)。「当事者」と言えば「セックスワーク」を主張する何人かの話ばかり取上げられることにムンチは腹立たしさを感じている(73 頁)。

まさしく本書の内容全体が、セックスワーク論がいかに机上の空論であるかを示している。ムンチ・メンバーの以下の発言に、セックスワーク論者はどう答えるつもりだろうか? 「性売買の現場にいる女性たちの今も変わらない状況。そしてその果てがどうなるのか誰にもわからない。どうして世間には『セックスワーク』などという言い方のできる人々がいるのか理解できない。本当に残忍だと思う」(121 頁)。

とはいえ、自分たちをかわいそうな存在と思われたいわけでもないし、自分たちの発話が必ず正しいと思っているわけでもないともムンチは言う。ただ自分たち自身のありのままの経験と主張をそのまま伝えたい。だからこそ、トークコンサートを直接行い、本書を出版したのである。

## ◆攻撃に立ち向かう

ムンチが、世間に向けて発話を始めたところ、恐ろしいほどの攻撃が寄せられた。それは、これ以上活動を続けることを躊躇するほどのものだったという。しかし、攻撃が来るということ自体が、ムンチの発話が買春者の最も知られたくない姿を暴露しているからにほかならないとムンチは考えた。ならば、黙るわけにはいかない。現場で起きていることを無限に話し続ける（「無限発話」）のだと決意を固めたという。

同様なことは日本でも起こっている。日本で反性搾取の立場に立って、若年女性支援を行なっているColaboとその代表の仁藤夢乃さんは、まさに今（2023年3月現在）、いわれのないすさまじい誹謗中傷と攻撃を受け、闘っているさなかにある。

## ◆ムンチが見た日本の性売買の現状――このままではいけない

韓国の現状がことさらにひどいだけで、日本の性売買は自由意思で行なわれているし、暴力も存在しないと思って本書を読んでいる読者も多いだろう。しかし、日本の性売買の現状も韓国と大同小異かあるいはそれ以上であり、しかも韓国の性売買は日本に由来している（前掲『性売買のブラックホール』）。

ムンチ・メンバーやその知り合いには、借金のために日本に売られた経験を持つ女性もいるので、彼女たちは日本の性売買の事情を相当知っている。しかし、そうしたムンチですら、脱性売買後に実際に日本にやってきて、性産業があふれている新宿などを見た時は、驚愕したという（「日本の読者のみなさんへ」参照）。長年性売買をしてきた当事者が驚愕するほど性売買があふれている場所、それが日本なのだ。それに慣らされてしまっているのが日本に住む私たちだ。

日本でも昨年、灯火という反性搾取の立場に立つ性売買経験当事者グループがようやく誕生し、自らの言葉で発信を始めている。しかし、その矢先に、灯火とつながるColaboが激しい誹謗中傷と攻撃にさらされるようになってしまった。本書中のムンチの言葉を多くの人々に届け、それが灯火・Colaboへの応援につながることを私たちは心から願っている。そして、反性搾取の立場に立つ性売買経験当事者が安全に語れる環境を整えてその声に耳を傾け、現場を知ることの重要性に人々が気づくための一助に本書がなることを願ってやまない。

# 監修者あとがき

金 富子

本書は、韓国の性売買経験当事者ネットワーク・ムンチ（以下、ムンチ）による初めての著作『性売買経験当事者の無限発説』(ポムアラム、2021年)の全訳である。ムンチは、性売買を経験した女性たちが反性搾取の立場で2006年に結成した当事者運動団体だ。

ムンチ結成の背景には、2004年に性売買防止法が制定されたことが大きい（同法については本書訳注1参照）。同法制定のために尽力した女性運動は同年、性売買問題解決のための全国連帯（以下、全国連帯）を結成し、各地で性売買女性への緊急救助を手始めに、相談所、シェルター、グループホーム、自立支援センターなどを備える総合的な自活支援システムを整えていった。そのなかで脱性売買を果たした女性たちが増えたことがムンチ結成につながった。その詳しい背景や事情については、大邱市で性売買女性支援活動を行なってきたシンパク・ジニョン著『性売買のブラックホール』（金富子監訳、大畑正姫・萩原恵美訳、小野沢あかね・仁藤夢乃解説、ころから、2022年）をぜひ読んでいただきたい。同書は、ムンチについて「自分たちの経験を堂々と明らかにし、なぜ性売買が問題なのかを公表する彼女たちの存在は、この法律がもたらした目に見える大きな成果」と述べている。

私たちの共同研究では、2017年から数度にわたり韓国各地の性売買集結地を踏査し、相談所を訪問し、全国連帯やムンチのメンバーに出会い、集会やデモに参加してきた。そのなかでムンチのメンバー2人から直に初めて長時間ライフヒストリーを含む話しを聞いたのは2018年8月、大邱女性人権センターの会議室だった。以下は、その時に聞いたムンチの結成経緯と活動内容だ。

２人はまず、ムンチの目的が「性売買は暴力であり搾取、その根絶をめざす」「性売買女性の非犯罪化をめざす」ことだと語った。ムンチは2006年に当事者のワークショップをもったことから始まったが、初めは会いたくなかったという。性売買した経験は自慢でもないし、知り合いになりたくない、性売買から脱したのに会って何をするのかと懐疑的だったからだ。しかし自己紹介を始めたとたん、空気が変わった。ある時この店でこういう経験をしたと話し始めたら、皆が互いに一晩中語り明かした。今日だけで終わりにしたくないので、別の機会をもつようになった。外では話せないが、内部では話せるからと考えたという。印象的だったのは、2人が「セックスワーク論は暴力性を無視している。性売買で〔女性は〕お金は稼げない。職業として環境をよくすればいいというのは空論であり、業者の言い分と同じだ」と言い切ったことだ。その後2007年に各地に自助グループができはじめ、2009年から広報映像を作成しその上映会を開催して自らの存在を知らしめた。2012年に講演形式の「無限発説」を女性団体活動家対象に行った後、一般人も対象に全国的に行った。2015年からよりオープンな形のトークコンサートを進めてきた。またインターネットや各種メディアでも文章や声明書を発信してきた。

私たちは2019年に２回、全国連帯とムンチのメンバーを日本に招待して公開シンポジウムや非公開セミナーを開催した。非公開セミナーでムンチは短縮版トークコンサートを行なってくれた。2020・21年は新型コロナウイルス感染拡大により直接の交流はできなかったが、Colaboや灯火など日本の当事者たちとムンチのメンバーを何度もオンラインで結び交流を重ねてきた。その最中の2021年11月、刊行直後にムンチから本書を贈られ、翻訳・刊行に向けた作業に取りかかった。

2022年５月、ムンチは日本のAV新法に反対する活動に共感して同法への抗議声明を公表するなど、連帯の動きは強まった。同年９月、私たちは３年ぶりに２回訪韓して、日韓の当事者たちが連帯する場を企画して同席するとともに、フランス版「北欧モデル」（本書訳注 39 参照）に学ぶ国際フォーラムや各種の交流セミナー、野外集会やデモ行進に参加して、堂々と声をあげるムンチの勇姿を目に焼きつけた。集会やデモでは「性売買がある社会に性平等はありえない」などのプラカードが掲げられていた（写真参照）。フランスは北欧モデルに学び 2016 年に性平等モデル法（買春処罰法）を成立させたが、ムンチや全国連帯は同法を実現させたフランスの元国会議員と当事者活動家を招待したのだ。2022 年春、ムンチや全国連帯など 228 団体は「性売買処罰法改正連帯」を結成して、性売買女性を一切処罰せず、買春者と性売買斡旋業者を処罰する北欧モデルの完全実施を求める活動を続けている。

性売買処罰法の改正を求めてデモ行進するムンチのメンバーたち（2022 年 9 月、ソウルにて。写真：金富子）

本書刊行にあたり、原題の「無限発説」をより日本語になじむよう「無限発話」に変えた。本書の読みどころは、性売買を経験した複数の当事者たちが、性売買の現場で自分の身に起こったこと、性売買業者や買春男性に言われたこと／されたことを「再解釈」して、「仕事」とされてきたことが搾取であり暴力だったことを縦横無尽に「発話」していることだ。発話には自ら「変化の主体」になって現実を変えたいという思いが込められている。日本では昨年から 10 代女性を支援する Colabo への悪質な妨害や攻撃が続いている。本書が日本の読者に届き、日本の性売買の現実を当事者目線で「再解釈」する人々が増えて現実を変える一助になること、Colabo への攻撃に立ち向かう人々が増える一助になることを願っている。

本書の翻訳は萩原恵美さん、監修はわたしが担った。萩原さんの適切でこなれた日本語訳からムンチの語りたいことが伝わるに違いない。もちろん最終的な翻訳・訳注の責任は監修者にある。また原書が表紙・裏表紙から本文・吹き出しに至るまで斬新な装丁だったため、これを日本語版で活かすべく韓国アートに造詣が深く韓国語も堪能な風工房の岡本有佳さんに装丁・本文デザインを依頼したところ、羽和さんと共同で見事に期待に応えてくれた。岡本さんは韓国の性売買の現場を踏査した仲間でもある。お三方の尽力に深く感謝したい。そして推薦文を寄せて下さった桐野夏生さんに心から御礼申しあげる。

本書の翻訳・出版をいっしょに企画した小野沢あかねは、専門的な視点で翻訳原稿を校閲しつつ、日本の読者に向けて「解説」を書いた。本書は、科学研究費補助金基盤研究（B）「性販売女性の支援活動に関する日韓比較同時代史研究」（19H04389、代表：小野沢あかね）の成果の一環である。本書の翻訳を快諾してくれたムンチの皆さんはもちろん、カバー絵をご提供してくださった全羅北道女性人権支援センター元活動家パク・ガヨンさん、訳注作成など相談にのってくれた前述のシンパクさん、ピョン・ジョンヒさん（釜山女性人権センター・サルリム）のシスターフッドに改めて感謝します。

最後に、翻訳原稿を読んで涙し、「出さなければならない本だ」と力強く語ってくれた梨の木舎代表の羽田ゆみ子さんに感謝申し上げます。

2023 年 3 月 8 日

**●性売買経験当事者ネットワーク・ムンチ**
韓国で 2006 年、性売買を経験した女性たちが反性搾取の立場で自主的に結成した当事者運動団体。韓国各地に自助グループがある。ムンチという名称は「一致団結する（ムンチダ）」から採った。本書はムンチによる初めての著作。

**●萩原恵美**（はぎわら めぐみ）　翻訳者。訳書『ボクの韓国現代史』、『滞空女 屋根の上のモダンガール』など。

**●金 富子**（きむ ぷじゃ）　植民地朝鮮ジェンダー史研究。東京外国語大学名誉教授。監訳に『性売買のブラックホール』（ころから）など多数。

**●小野沢あかね**（おのざわ あかね）　日本近代史研究。立教大学文学部史学科教授。単著に『近代日本社会と公娼制度』（吉川弘文館）など。

無限発話
買われた私たちが語る性売買の現場

2023 年 7 月 1 日　第 1 版第 1 刷発行

性売買経験当事者ネットワーク・ムンチ 著
萩原恵美 訳　金富子 監修　小野沢あかね 解説

表紙・本文デザイン＊風工房（有佳＆羽和）
表紙イラスト　パク・ガヨン
発行者　羽田ゆみ子
発行所　梨の木舎
〒 101-0061 東京都千代田区神田三崎町 2-2-12 エコービル 1 階
TEL 03-6256-9517　FAX 03-6256-9518
http://www.nashinoki-sha.com

印刷・製本所　株式会社　厚徳社
Printed in JAPAN
ISBN　978-4-8166-2304-2　C0036 ¥1800E
落丁・乱丁本はお取替いたします。

# 梨の木舎の本

## 「いごこち」神経系アプローチ

**〜4つのゾーンを知って安全に自分を癒やす　2刷**

浅井咲子 著　A5変判／136頁／定価1700円+税

大人気『「今ここ」神経系エクササイズ』の待望の続編。
育児、教育、仕事、恋愛、介護など社会生活をするなかで、自分のことも、他者のことも「厄介、うっとうしい、ややこしい」、と思うことはありませんか? その苦しみの根底に潜んでいるのは、実は「トラウマ」。これは過去の「サバイバル戦略」であり、あなたの性格のせいではないのです。
トリガー(引き金)を理解し、自身を癒やし ＜いごこちをよくする＞ チャンスにしていきましょう。

978-4-8166-2102-4

## 傷ついたあなたへ 2

**――わたしがわたしを幸せにするということ　3刷**

NPO 法人・レジリエンス 著
A5判／85頁／定価1500円＋税

ロングセラー『傷ついたあなたへ』の２冊目です。Ｂさん（加害者）についてや、回復の途中で気をつけておきたいことをとりあげました。◆あなたはこんなことに困っていませんか？悲しくて涙がとまらない。どうしても自分が悪いと思ってしまう。明るい未来を想像できない。この大きな傷つきをどう抱えていったらいいのだろう。

978-4-8166-1003-5

ハイリー・センシティブ・パーソン

## ＨＳＰ 強み de ワーキング

皆川公美子 著
A5判/180頁／定価1700円＋税

◉目次　1章 HSP（ハイリー・センシティブ・パーソン）とは／ 2章 HSPと非HSPとの違い／ 3章 HSP共通の強みとはスムーズに成果をだすために／ 4章 洞察系・共感系・感覚系HSP 私キャラを活かして働く／ 5章 HSPの強みを活かす生き方の妨げとなるもの／ 6章 小さな得意を積み重ねた先の、私を「活かす」働き方

**推薦：浅井咲子・武田友紀・田中潤・辻信一 各氏**

978-4-8166-2302-8

## 性暴力を受けたわたしは、今日もその後を生きています。

池田 鮎美 著　　四六判／244 頁／定価 2000 円＋税

◉目次　1「 なぜこんなに苦しいのだろう」―未成年への性暴力／2「体が動かない。これは夢かな」―知らない人からの性暴力／3「刑法を改正したい」―暴行・脅迫要件の衝撃　他

性暴力被害者自身による9000日の記録。幼馴染の死の真相は性暴力によるものだった。立ちすくむ16歳のわたしはまだ、自分自身も性暴力に遭うことになるとは、思いもしなかった。

**推薦：伊藤詩織・武田砂鉄・瀧波ユカリ・清田隆之**

978-4-8166-2305-9